AF589855

# BIOGRAPHIE

DE

# FRÉDÉRIC OZANAM

PAR

LE COMTE DE LAMBEL

PARIS
TÉQUI, LIBRAIRE-ÉDITEUR
85, RUE DE RENNES, 85

1887

# BIOGRAPHIE

DE

# FRÉDÉRIC OZANAM

Paris. — Imprimerie TÉQUI, 92, rue de Vaugirard, 92.

# BIOGRAPHIE

DE

# FRÉDÉRIC OZANAM

PAR

LE COMTE DE LAMBEL

PARIS
TÉQUI, LIBRAIRE-ÉDITEUR
85, RUE DE RENNES, 85

1887

# PRÉFACE

Naguère paraissait une vie populaire de saint Vincent de Paul, ouvrage excellent et déjà fort apprécié (1). Aujourd'hui nous publions la biographie de l'un de ses disciples, de Frédéric Ozanam, le plus illustre des fondateurs de la société patronnée par l'Apôtre de la charité. Cette notice est spécialement destinée aux ouvriers et à leurs visiteurs qui gagneraient beaucoup, les uns et les autres, à bien connaître Ozanam. Ils trouveront dans ce livre de nombreuses citations de ses lettres, de ses paroles, de ses ouvrages. Puissent-ils y puiser des lumières et des encouragements!

(1) Vie populaire de saint Vincent de Paul, par M. l'abbé Berbiguier, au Sécrétariat de la Société, 6, rue Furstenberg, à Paris.

# FRÉDÉRIC OZANAM

## CHAPITRE I

Frédéric Ozanam, né à Milan, (1813). Intelligence, docilité, qualités aimables de Frédéric enfant. — Il fait, comme externe, ses classes au collège de Lyon. – Bachelier à 16 ans, il travaille chez un avoué par déférence pour son père. — A 19 ans, il se rend à Paris pour suivre les cours de droit. — Ses visites à Chateaubriand et à Ampère. — Ozanam suit les cours de la Sorbonne, et réfute les erreurs de plusieurs professeurs rationalistes. — Fondation de la Société de saint Vincent de Paul (1833.) — Profond dévouement d'Ozanam pour les pauvres. — Son premier voyage en Italie. — Merveilles admirées par lui. — De retour à Paris, il fait des démarches couronnées de succès pour obtenir les conférences de Notre-Dame. — Sa brochure sur deux chanceliers d'Angleterre. — Il est docteur en droit (1836), et docteur ès-lettres trois ans plus tard. — Thèse très remarquable sur la philosophie du Dante. Témoignage de M. Cousin. — Ozanam perd son père et sa mère. — Sa vive douleur. — Nommé professeur de droit commercial à Lyon, il occupe la chaire pendant un an, concourt ensuite pour un titre d'agrégé à la faculté des lettres de Paris, subit 15 jours de brillantes épreuves, obtient le premier rang, est appelé à suppléer M. Fauriel, professeur de littérature étrangère. — Son mariage avec Mlle Soulacroix, (1841). — Son second voyage en Italie. — Il parle dans son cours de la littérature allemande, afin de réfuter trois auteurs tristement célèbres, Gœthe, Hégel et Strauss. — Son influence très salutaire sur la jeunesse. — Son cours au collège Stanislas. — M. Fauriel meurt, et, Ozanam est professeur titulaire à 32 ans.

Frédéric Ozanam est issu d'une famille originaire de la Bresse, et jouissant, depuis plusieurs siècles, d'une considération très méritée. Il compte, parmi ses ancêtres, des, magistrats et des savants. Son grand-oncle mathématicien célèbre, était un membre de l'Académie des sciences assez marquant pour que Fontanelle fît son éloge. On a retenu de lui cette parole chrétienne qu'il disait à ses amis : « Il appartient aux docteurs de Sorbonne de discuter, au pape de prononcer, et aux mathématiciens d'aller au paradis par la perpendiculaire. »

Antoine Ozanam, père de Frédéric, fut un chrétien énergique et plein de foi. Après de brillantes études, il fut appelé à l'armée (1793); il s'y distingua par sa bravoure, remplit avec succès des missions difficiles, reçut cinq blessures, s'éleva rapidement au grade d'officier, refusa celui de capitaine, et donna sa démission après six années de services.

Rentré à Lyon dans ses foyers, il épousa mademoiselle Marie Nantas, et voulut s'adonner au commerce. Il eut l'imprudente générosité de cautionner un parent pour une somme considérable, fut obligé de la payer, perdit ainsi la plus grande partie de sa fortune, et renonçant aux affaires, il se rendit à Milan, alors annexé à la France, pour étudier la médecine. Il travailla sans relâche, et fut reçu docteur à 37 ans. Il publia plus tard des mémoires, dont plusieurs ont été couronnés par des sociétés savantes, fit de curieuses découvertes, et composa, sur les épidémies un livre de valeur. Il regardait l'exercice de la médecine comme une sorte de sacerdoce, décidé à braver la mort, s'il le fallait, pour sauver ses malades. Il visitait gratuitement les pauvres, les assistait de ses modestes ressources, et procurait à ses clients les secours religieux, pour peu que leur état offrît un certain caractère de gravité.

Son fils Frédéric naquit à Milan, le 23 avril 1813. En cette même année, le typhus exerça dans la ville de redoutables ravages. Les médecins de l'hôpital militaire furent au nombre des victimes, et Antoine Ozanam remplaça spontanément ses collègues près des officiers et des soldats. Jusqu'à la fin de l'épidémie il prodigua ses soins à trois cents malades. Pour honorer ce courageux dévouement, l'empereur Napoléon décora le vaillant docteur du titre et de la croix de chevalier de la couronne de fer.

En 1816, après les traités de paix, Milan cessa d'appartenir à la France, pour passer sous la domination autrichienne. Ozanam vint alors se fixer définitivement à Lyon, et y fut bientôt nommé médecin de l'hôtel-Dieu. Il y avait déjà longues années qu'il avait épousé sa vertueuse compagne. Ses beaux-parents étaient d'honorables négociants, qui avaient souffert persécution pour la justice. Emprisonnés pendant la tourmente révolutionnaire, ils s'étaient réfugiés en Suisse avec leur fille, dès qu'ils eurent recouvré la liberté. Cette aimable enfant fit sa première communion au village d'Echellens, situé près de Lausanne, entre les lacs de Genève et de Neufchâtel.

Madame Antoine Ozanam avait été une fille exemplaire ; elle fut excellente comme femme et comme mère. Elle eut 14 enfants : Frédéric fut le cinquième. Pour lui comme les autres, elle déploya la plus vigilante sollicitude. Persuadée qu'on ne saurait s'appliquer trop tôt à former le cœur et à l'élever vers Dieu, elle ne perdait pas une occasion d'atteindre ce but. Ordinairement elle assistait au lever, au coucher de sa jeune famille, et voulait qu'une sévère modestie présidât à toutes les actions. Elle habituait ce petit monde à offrir son âme à Dieu, dès le réveil, et à le prier encore avant de s'endormir. Quelques mots de Jésus-Christ, de la sainte Vierges, des Anges ou des Saints, sortis du cœur de la mère, pénétraient celui des enfants et leur laissaient une salutaire impression.

Le travail, la récréation, les repas, le sommeil, tout était réglé chez elle comme dans une communauté. A la fin de chaque journée, la prière se faisait en commun, le père de famille la récitait, et l'accompagnait d'une petite lecture. Les dimanches et fêtes religieuses, les parents avaient la constante habitude d'assister avec leurs enfants aux offices de la paroisse.

Ils leur donnaient l'exemple d'une vie active et chrétienne. Elevée dans une grande aisance, Madame Ozanam, malgré la délicatesse de sa santé, pourvoyait aux besoins du ménage, entretenait le linge, les vêtements, et soulageait beaucoup son unique et très dévouée servante. Elle savait si bien employer le temps qu'elle en trouvait encore pour entendre chaque jour la messe, se livrer à des exercices de piété, visiter des pauvres et accomplir diverses œuvres de charité.

Il y avait, entre autres, à Lyon, une société dont madame Ozanam faisait partie ; c'était celle des veilleuses. Cette association se compose d'ouvrières qui vont à tour de rôle, après leur journée de travail, passer la nuit près des malades indigentes. Elles se partagent en sections, correspondantes aux paroisses de la ville. Chaque section est dirigée par des dames, formant entre elles une confrérie. Madame Ozanam était à la tête de l'une de ces sections. Deux fois par mois, elle réunissait les associées pour leur adresser des instructions propres à entretenir et à augmenter leur zèle. D'avance elle préparait ses allocutions, et en écrivait le canevas, afin de les rendre plus utiles. Quand elle avait manqué de loisir pour s'en occuper dans la journée, tout en se couchant à l'heure ordinaire, afin de ne pas inquiéter son mari, elle parvenait à vaincre le besoin parfois impérieux de sommeil, à se tenir quelque temps éveillée, et à méditer sur ce qu'elle devait dire le lendemain.

Son mari, de son côté, assistait des familles pauvres. Vers la fin de leur carrière, affaiblis par l'âge et par les maladies, ils avaient pris l'engagement réciproque de ne pas monter au-delà du 4e étage ; mais la charité l'emportait sur la prudence, et les époux se rencontraient parfois sur le palier d'un étage plus élevé, s'accueillaient par un sourire et renonçaient à se reprocher leur mutuel flagrant délit.

De bonne heure, Frédéric répondit aux exemples et aux leçons de ses parents par une aimable docilité. Son intelligence, son entente des choses littéraires, et sa compassion pour les maux du prochain se révélèrent dès sa petite enfance : A cinq ans, il récitait des fables avec une grâce et un tact très rares à son âge. Vers cette époque, il fut si souffrant que la douleur lui faisait jeter des cris déchirants ; mais quand on en vint à lui parler de souffrances éprouvées par la bonne servante de la famille, il oublia ses maux pour s'occuper de ceux de la malade ; ses cris s'apaisèrent comme par enchantement : il ne pensa plus qu'à s'apitoyer sur le sort de celle qu'il aimait, parce qu'il en recevait des soins très affectueux.

A dix ans, il fut envoyé, comme externe, au collège de Lyon. Effrayée des dangers auxquels il allait être exposé, sa mère mit tout en œuvre pour le préserver. Investie de sa confiance, elle savait chaque soir ses impressions, ses sentiments et ses rencontres. Elle l'éclairait, le dirigeait et l'empêchait de se lier avec des mauvais camarades. L'enfant avait eu pour maîtresse de lecture, d'écriture, d'orthographe et de calcul une sœur d'une angélique piété, de beaucoup son aînée, merveilleusement douée, qui était morte à 18 ans, laissant d'ineffaçables regrets. Après elle, ses répétiteurs furent son père, puis M. l'abbé Ozanam, son frère et son très édifiant historien (1). Du reste son ardeur pour le travail n'eut jamais besoin d'être stimulée; on n'avait qu'à la guider et à la modérer. Déjà ses compositions littéraires, bien supérieures à celles de ses condisciples, commençaient à révéler les ressources de son intelligence, on y remarquait de la concision dans le style, de la justesse dans les appréciations et de la poésie dans les idées.

Sa conduite fut toujours régulière; mais vers l'âge de 15 ans, il eut une rude épreuve à subir, il fut assailli par de violentes tentations contre la religion. « Au milieu d'un siècle de scepticisme, dit-il (2), Dieu m'a fait la grâce de naître dans la foi; il me mit sur les genoux d'un père chrétien et d'une sainte mère..... Cependant les bruits d'un monde qui ne croyait pas vinrent jusqu'à moi. Je connus toute l'horreur de ces doutes qui rongent le cœur pendant le jour, et qu'on trouve la nuit sur un chevet baigné de larmes.

« L'incertitude de ma destinée éternelle ne me laissait pas de repos. Je m'attachais avec dé-

(1) Vie de Frédéric Ozanam par C. A. Ozanam, son frère, chapelain d'honneur de sa Sainteté, missionnaire apostolique, chanoine honoraire de plusieurs diocèses. (Poussielgue frères, à Paris).

(2) Voir l'introduction de la civilisation au v$^{e}$ siècle.

sespoir aux dogmes sacrés, et je croyais les sentir se briser sous mes mains. C'est alors que l'enseignement d'un prêtre philosophe me sauva. Il mit dans mes pensées l'ordre et la lumière; je crus désormais d'une foi assurée, et touché d'un bienfait si rare, je promis à Dieu de vouer mes jours au service de la vérité qui me donnait la paix. »

Sorti victorieux de ces douloureuses luttes, il en conserva la volonté très arrêtée d'user toujours d'une grande indulgence envers ceux qui avaient le malheur de ne pas croire. « On a beau lire les pages qu'il nous a laissées, dit à ce sujet le père Lacordaire (1), on a beau se rappeler ses actes et ses discours, on n'y découvre ni la colère qui se venge, ni l'amertume qui s'accroît en se répandant, ni le mépris qui brave, ni l'ironie qui se moque, sous prétexte d'instruire et de corriger. Il plaint plus qu'il n'accuse; il pardonne plus qu'il ne condamne; et, toujours invincible sous le bouclier, il tempère dans son épée la force qu'il y sent, de peur d'achever la mort en quelque âme qui peut encore vivre. »

C'est par compassion pour les âmes dépourvues du trésor de la foi qu'il conçoit fort jeune le projet de prouver la divinité de la religion par l'histoire. Il se passionne pour les lettres, parce qu'il y dé-

(1) Bibliographie de Frédéric Ozanam par le R. P. Lacordaire, tome 5°. (Poussielgue frères, Paris.)

couvre une mine féconde d'arguments en faveur de la vérité.

Telles étaient les nobles pensées d'Ozanam, dès sa préparation au baccalauréat ès-lettres. A 16 ans et demi il conquérait le titre de bachelier. Il aurait aimé à poursuivre alors le cours de ses études littéraires, mais son père le destinait à des fonctions judiciaires; il voulait qu'il devînt magistrat, qu'il portât dans l'administration de la justice, la rectitude de son jugement et la délicatesse de sa conscience. Par déférence pour l'autorité paternelle, il entra chez un avoué de Lyon, et y resta deux ans. Dans ses heures libres il apprenait le dessin; il s'initiait à l'hébreu, puis au sanscrit.

A la fin de 1830, les Saints-Simoniens envoyèrent quelques adeptes à Lyon, pour y répandre leurs décevantes doctrines : Malgré son extrême jeunesse, Frédéric n'hésita pas à combattre leurs idées subversives; il composa dans ce but plusieurs articles de journaux, il publia même une brochure qui fit sensation.

Il était dans sa 19e année, quand son père voulut l'envoyer à Paris, pour suivre les cours de la faculté de droit. Sa mère, attristée, inquiète de son éloignement, redoubla de prières, et s'entendit avec des correspondants dévoués : elle s'arrangea de façon à savoir tout ce qu'il faisait, sans qu'il se doutât de rien. Il eut, de son côté, beaucoup de peine à quitter le toit paternel.

Chaque semaine, madame Ozanam recevait une longue lettre, remplie des plus minutieux détails. Tendre et ferme à la fois, elle conserva toujours sur ses enfants une autorité respectée, fondée sur la confiance et sur l'amour qu'elle savait inspirer.

En arrivant à Paris, Frédéric s'était logé et avait pris pension dans un honnête hôtel garni. A peine installé, il alla chercher quelques personnes auxquelles il était recommandé. Sa première visite fut pour l'illustre Ampère, savant physicien, mathématicien hors ligne, membre de l'Institut, professeur au Collège de France, Ampère cultivait à la fois les lettres et les sciences. Grâce à son travail assidu, à une prodigieuse mémoire, il possédait une vaste érudition : l'histoire et la poésie le délassaient d'études plus arides. Il savait par cœur les morceaux les plus saillants de Virgile, de Corneille et de Racine. Eminemment pieux, il put répondre à la religieuse qui, dans sa dernière maladie, lui proposait une lecture de l'Imitation: « Merci, ma Sœur, je veux vous épargner une peine inutile : j'ai lu si souvent ce beau livre que j'en ai retenu tous les versets. » Ozanam avait été bien inspiré en se mettant tout de suite en relation avec un homme de si grand mérite. Il en reçut un très gracieux accueil; l'entretien se prolongea, et à la fin de la conversation, Ampère, ayant compris que son interlocuteur souffrait de l'isolement, lui offrit le logement et la table, à des conditions modérées et avec une bonne grâce qui doublait le prix de son obligeance. Ozanam accepta cette charmante hospitalité; il put en profiter pendant deux ans, et commencer avec le fils du Savant des rapports destinés à devenir très amicaux.

Cette maison fut une ressource précieuse pour le jeune étudiant; mais rien ne pouvait le consoler d'être éloigné du foyer domestique.

Il désirait vivement connaître Chateaubriand. Sur sa prière un respectable chanoine de Lyon, en excellents rapports avec le grand écrivain, fit parvenir à Ozanam une lettre d'introduction, qu'il garda plusieurs mois, sans en faire usage.

Il se sentait attiré vers les célébrités; mais sa réserve et sa timidité l'empêchaient de les aborder. Cependant, après bien des ajournements il s'enhardit, et porta la lettre à son adresse, le 1er janvier 1832. Il était midi; Chateaubriand rentrait chez lui, venant d'entendre la messe. Il accueillit amicalement son visiteur, s'informa de ses projets, et en vint à lui demander s'il comptait aller au spectacle. « Ozanam surpris, dit le R. P. Lacordaire, hésitait entre la vérité, qui était la promesse faite à sa mère de ne pas mettre le pied au théâtre, et la crainte de paraître puéril à son interlocuteur. Il se tut quelque temps, par suite de la lutte qui se passait dans son âme. M. de Chateaubriand le regardait toujours, comme s'il eût attaché à sa réponse un grand prix. A la fin, la vérité l'emporta, et l'auteur du Génie du christianisme, se penchant vers Ozanam pour l'embrasser, lui dit affectueusement : Je vous conjure de suivre le conseil de votre mère; vous ne gagneriez rien au théâtre et pourriez y perdre beaucoup. »

Cette parole demeura comme un éclair dans la pensée d'Ozanam, et lorsque quelques-uns de ses camarades moins scrupuleux l'engageaient à les accompagner au spectacle, il s'en défendait par cette phrase décisive : « M. de Chateaubriand m'a dit qu'il n'était pas bon d'y aller.

Ce ne fut pas le seul fruit qu'il retira de cette visite. Le charme qu'elle avait laissé dans sa mémoire lui révéla l'importance de l'accueil fait aux jeunes gens par des hommes qui leur inspirent de l'admiration; et lorsque lui-même eut franchi les bornes de l'élévation commune, lorsqu'il fut applaudi d'un grand auditoire, honoré et recherché, il se souvint de ses jours obscurs, et se donna généreusement à la jeunesse qu'on lui recommandait de toutes parts, ou qui venait d'elle-même se présenter à lui. Cinq fois par semaine, c'est-à-dire les jours où il n'avait pas à paraître devant le public, sa porte lui était ouverte de huit à dix heures du matin. Il recevait les jeunes gens avec grâce, s'entretenait longuement avec eux, et quoiqu'il fût dévoré par l'ardeur du travail qu'ils avaient interrompu, rien en lui ne laissait percer l'impatience ou le regret. Il se sentait prêtre devant les âmes, et comme saint Paul, *débiteur de toutes.*

Aussi un grand nombre s'affectionnèrent-elles à lui, et son éclat au lieu de l'isoler, comme il arrive presque toujours, lui suscita de chaudes amitiés dans ceux-là mêmes que l'âge eût dû retenir loin de son cœur. La religion seule a le secret de ce patriciat, le plus haut et le dernier de tous, qui attire vers la gloire en la rendant affectueuse, et lui fait des clients qui n'ambitionnent que d'aimer ce qu'ils admirent. »

Ozanam n'eut qu'à se louer des bontés d'Ampère ; il rencontra dans son salon des hommes de mérite, dont la conversation ouvrit à son esprit des horizons nouveaux. L'un de ceux pour lesquels il se sentit le plus d'attrait fut Ballanche, caractère doux, modeste dans sa célébrité, peu apprécié du vulgaire, mais bien goûté des intelligences délicates et élevées.

Il suivait avec assiduité les cours de droit, pour accomplir la volonté de son père ; mais ses goûts l'appelaient ailleurs, et le temps qu'il lui était permisde dérober à l'étude des lois était consacré à l'histoire, à la littérature, à la philosophie; puis, pour se reposer de travaux plus sérieux, il apprenait l'allemand, l'anglais, l'espagnol et l'italien.

L'année 1832, commencée par Ozanam chez Chateaubriand, demeura tristement mémorable dans les annales de la ville de Paris, à cause des terribles ravages, exercés par le choléra sur ses habitants, qui comptèrent jusqu'à 1.300 victimes dans une seule journée! L'effroi était général; beaucoup fuyaient la contagion : Ozanam voulut rester au poste du travail et du dévouement; il écrivit à ses parents les lettres les mieux inspirées pour les tranquilliser, prodigua ses soins à ceux de ses camarades qui payèrent leur tribut à la maladie, et il fut complètement épargné.

Il suivait des cours à la Sorbonne, or, parmi les professeurs, plusieurs étaient rationalistes (1). Quand ces maîtres aveuglés attaquaient la vérité, quelques jeunes étudiants réfutaient leurs erreurs. Deux fois Ozanam reçut de ses condisciples la mission d'écrire en leur nom. L'une de ses lettres, lue en public, fut couverte d'applaudissements, et l'orateur dut modifier le sens de ses premières propositions.

(1) Le rationaliste a le malheur de ne pas croire à la révélation, et d'admettre l'indépendance de son orgueilleuse raison dans le choix des pratiques religieuses.

L'autre lettre n'obtint pas un moindre succès. Elle fut envoyée à Jouffroy, le célèbre philosophe. Il avait eu le tort de s'attaquer à la base de la religion, et de blesser dans leurs plus chères croyances des auditeurs d'élite. Ozanam lui adressa des reproches exprimés avec déférence, et fondés sur de très solides arguments. A la leçon suivante, le professeur fit connaître les observations qu'il avait reçues, en loua la forme et le fond, puis rétracta ce qu'il avait dit contre la vérité. Il déclara n'avoir pas eu l'intention de porter atteinte au christianisme qu'il vénérait, et promit, pour l'avenir, de s'appliquer à l'entourer de respect. Il tint parole; de leur côté, ses collègues devinrent moins agressifs. Ozanam contribua pour une part notable à ces heureux résultats.

L'année suivante fut féconde pour l'honneur de la religion ; car ce fut en 1833 que naquit la charitable société dont Ozanam fut le principal fondateur. Il existait alors au quartier Latin une maison d'étudiants, dirigée par l'honorable M. Bailly, et dans laquelle une pleiade de jeunes catholiques se donnaient rendez-vous : les uns y demeuraient; les autres y venaient pour faire des cours ou y assister.

Ces jeunes gens s'entretenaient souvent des ravages de l'incrédulité ; ils s'affligeaient de voir un trop grand nombre de leurs contemporains mener une vie désordonnée, et ils cherchaient un remède. Après plusieurs séances, consacrées à l'examen de cette importante question, la conclusion d'Ozanam et de ses amis fut de fonder une conférence de charité. Au lieu de tant parler de cette vertu, se dirent-ils, mettons-nous à la pratiquer. Tandis que des théoriciens impies exposent de vains systèmes, destinés à changer la face du monde, et n'aboutissant en réalité qu'à créer de nouvelles inimitiés entre les hommes, prouvons, une fois de plus, que le christianisme aime vraiment les pauvres, et leur est infiniment plus secourable que les fausses doctrines répandues dans le monde. Allons à la misère pour la soulager, pour l'éclairer. En lui faisant du bien, nous nous en ferons à nous-mêmes, et nous échapperons ainsi aux nombreux écueils semés sous nos pas.

Ils ne tardèrent pas à mettre en pratique leur généreuse résolution. Ils allèrent consulter sœur Rosalie Rendu, supérieure des filles de la Charité dans la paroisse de Saint-Médard, l'inspiratrice et la conseillière de toutes les bonnes œuvres. Ils se placèrent, comme elle, sous la protection de St Vincent de Paul, se pénétrèrent de l'esprit de leur Patron, et ils apprirent de cette Mère des pauvres à les visiter, à voir en eux des membres souffrants du Sauveur, et à les servir. Dès l'origine, ils tâchèrent de gagner la confiance des malheureux, de les améliorer, et de les amener, par la persuasion, à l'accomplissement de leurs devoirs. C'est elle qui leur désigna les premières familles à secourir. Les nouveaux confrères allaient assidûment les assister. Leur défiance d'eux-mêmes, leur humilité, leur confiance en Dieu furent visiblement bénis. Ils choisirent, comme président, M. Bailly, que son âge, son expérience désignaient à leurs suffrages, et la première conférence fut organisée au mois de mai 1833. Elle se composait de huit membres, tous très jeunes. Ozanam avait à peine vingt ans; et cependant il prit la part la plus considérable aux travaux d'organisation et d'expansion de cette œuvre, qui devait devenir l'une des plus considérables et des plus bienfaisantes de notre siècle.

Au congrès de Liége, (septembre 1886), le comte de Mun a prononcé, sur les cercles catholiques, un éloquent discours, dont nous reproduisons le passage suivant, parce qu'il rend à Ozanam un légitime hommage :

«.....Quand Frédéric Ozanam, à vingt ans, au milieu d'un monde affamé de jouissances, de de richesses et d'intérêt personnel, jetait vers les misérables le cri de sa grande âme, et appelait à lui ses amis, ses compagnons d'étude, pour tendre avec la sienne leur main aux déshérités de la vie, quand il leur montrait la lutte engagée entre ceux qui ont trop et ceux qui ont peu, et qu'il les adjurait, au nom de leur titre de chrétiens, de se jeter entre eux comme des médiateurs, assurément il mettait le doigt sur la plaie, il dénonçait le mal et il ouvrait la voie par où devraient nécessairement passer ceux qui voudraient y porter remède. Voilà pourquoi l'œuvre d'Ozanam reste l'œuvre maîtresse, et comme l'atelier d'apprentissage où toutes les œuvres sociales vont chercher leurs ouvriers. »

Dès les débuts, les séances des conférences furent hebdomadaires. La prière commençait et terminait chacune d'elles : la lecture de piété, le compte rendu des visites, la distribution des bons de pain, de bois, etc. étaient toujours incrits à l'ordre du jour, et la quête n'était jamais oubliée. Elle produisait des sommes modiques, parce que les bourses étaient légères ; mais Ozanam et plusieurs de ses amis rédigeaient pour les journaux catholiques des articles rétribués, et le prix de leurs travaux venait augmenter les ressources de la caisse.

Il fut expressément décidé que la société resterait étrangère aux questions politiques, qu'elle ne s'en occuperait jamais, et qu'elle serait uniquement du parti de Dieu et des pauvres. Sa fidélité à cette règle fondamentale lui valut une partie de ses succès.

Au bout de quelque temps, au lieu d'être huit on était dix-sept, et à la fin de 1834, on était plus de cent : on devint si nombreux qu'il fallut se scinder en deux sections. Cette détermination motiva de longs débats; elle attrista des cœurs qui s'aimaient et auraient voulu rester ensemble. On ne se doutait guère alors de la prodigieuse expansion, réservée à la société! En conservant le caractère d'œuvre laïque, humble auxiliaire du clergé, elle se montra toujours pleine de déférence et de soumission pour l'autorité ecclésiastique, ne s'établit jamais dans une paroisse sans le consentement et la bénédiction du pasteur, sollicita et obtint l'approbation des Evêques, puis celle des Souverains Pontifes qui l'ont comblée de faveurs spirituelles.

Quand, 12 ans plus tard, en 1844, M. Bailly crut devoir se démettre, et persister dans sa détermination, le conseil fut unanime pour nommer Frédéric Ozanam président général de la société. Son humilité, jointe à d'incessants travaux, ne lui permit pas d'accepter cette charge ; mais il ne refusa pas la vice-présidence, et la conserva toute sa vie.

Il était animé, pour les pauvres, d'un dévouement tendre et fraternel. « Nous ne voyons Dieu, disait-il, que des yeux de la foi, et notre foi est si faible ! Mais les hommes, mais les pauvres, nous les voyons des yeux de la chair; ils sont là : nous pouvons mettre le doigt et la main dans leurs plaies, et les traces de la couronne d'épines sont visibles sur leur front ; ici l'incrédulité n'a plus de place possible. Nous devrions tomber à leurs pieds, et leur dire avec l'Apôtre : « *Tu es Dominus, et Deus noster;* vous êtes nos maîtres, et nous serons vos serviteurs ; vous êtes pour nous les images sacrées de Dieu que nous ne voyons pas, et, ne sachant pas l'aimer autrement, nous l'aimons dans vos personnes. »

Quand Ozanam les assistait, il leur prodiguait de si délicates attentions qu'il leur faisait presque oublier leur infériorité sociale. Lorsqu'il les visitait, il avait soin de se découvrir, et, en les quittant, il leur disait par esprit de foi : « Je suis votre très humble serviteur. » Pendant ses séjours de Paris et jusqu'à son mariage, la société de St-Vincent de Paul adoucit le chagrin que lui causait l'éloignement de sa famille. Plus tard, la compagne d'élite, que lui ménageait la Providence, devint l'associée de toutes ses œuvres.

Nul ne pourrait dire combien il fit de démarches pour attirer les jeunes gens dans les conférences. Il pensait avec raison que leur admission et leur assiduité les affermiraient dans la vie chrétienne, et ses rapports avec les pauvres le confirmaient dans cette opinion. Il recueillait près d'eux des leçons dont il tirait des conclusions pratiques. Tantôt il admirait leur sobriété, leur patience et leur résignation. Tantôt il voyait dans leur dénûment un motif de se détacher des recherches du luxe et du bien-être. Quand il rencontrait des familles, autrefois riches ou aisées, tombées dans la misère, il comprenait mieux l'instabilité des choses d'ici-bas, et il bénissait Dieu de lui avoir épargné l'épreuve de l'indigence. Il exposait ces considérations aux étudiants qu'il voulait faire entrer dans la société, et il les développait avec une persuasive éloquence. — Faites-vous du bien à vous-mêmes en servant les malheureux, leur disait-il avec saint Jean-de-Dieu. Puis, il ajoutait : quand on veut connaître une science à fond, la meilleure méthode à suivre, c'est de l'enseigner aux autres. En instruisant les ignorants, vous parviendrez à mieux connaître les vérités révélées, et vous vous pénétrerez davantage de la divinité du catholicisme.

Les vacances de 1833 ramenèrent Frédéric au sein de sa famille. Il en profita pour faire en Italie, avec son père sa mère et son frère aîné, un voyage qu'il devait renouveler trois autres fois. — A Milan, il visita la rue où il était né, et surtout l'église où il avait été baptisé. A Bologne, il parcourut les portiques et les cloîtres de l'ancienne université. Il se rappelait avec intérêt les noms des professeurs les plus renommés, et ceux des femmes savantes, admises elles-mêmes à enseigner l'anatomie, la chirurgie, le droit et la philosophie. Il se souvint tout d'abord du cardinal Mezzofanti, ce polyglotte érudit qui parlait 40 langues avec leurs nombreux dialectes ; puis de Gaëtana Agnesi qui avait soutenu sa thèse en latin, et avait répondu à ses examinateurs dans la langue spéciale à chacun d'eux. Gaëtana professa les mathématiques avec succès. Après avoir brillé par la science, elle voulut se signaler par la charité. A la fin de sa carrière, elle descendit de sa chaire pour se vouer humblement au service de 500 vieillards des deux sexes, réunis dans un vaste hôpital fondé par le prince Torlonia.

A Lorette, Frédéric fut pieusement impressionné par la vue de la *santa casa*. Il voulut recevoir Jésus-Christ dans la maison, longtemps habitée par le Sauveur, et il fit deux fois le tour de cette demeure bénie,en marchant sur ses genoux (1).

(1) On appelle *sancta casa* la maison que la Sainte Famille habitait à Nazareth, et qui fut miraculeusement transportée à Lorette, en 1294, sous Boniface VIII. L'authenticité de ce fait a été constatée par les hommes les plus instruits et les plus éclairés. Dans son dictionnaire des sciences ecclésiastiques, M. l'abbé Glaire dit à ce sujet : « Quand on lit sans prévention les preuves aussi nombreuses que solides qui établissent la vérité de cette translation, il est impossible de ne pas y croire. »

A Rome, il consacra sa première visite à la basilique de St-Pierre. Grégoire XVI daigna faire à lui et aux siens un paternel accueil qui lui inspira la plus vive reconnaissance.

Parmi les merveilles de tout genre qu'il lui fut donné de contempler pendant son court séjour, Ozanam admira l'immense bibliothèque du Vatican, avec ses six interprètes, toujours disposés à expliquer les livres écrits en latin, en grec, en hébreu, en arabe et en syriaque.

Florence avec sa riche couronne de grands hommes, tels que les Médicis, Boccace, Guichardin, Améric Vespuce, Léon X et tant d'autres laissa dans son esprit une trace ineffaçable. Mais parmi tous ceux dont elle est la patrie, le Dante fut le génie qui l'attacha davantage.

Ozanam rapporta de son voyage en Italie une piété plus active et une volonté plus arrêtée de consacrer ses travaux et ses veilles à la défense de la vérité. Peu de temps après son retour à Paris, il fit plusieurs démarches qui manifestèrent son ardent désir de contribuer au salut des âmes. Ils déplorait qu'il n'y eût pas alors, dans la capitale, une chaire de vérité, spécialement destinée à la jeunesse, ne se bornant pas à réfuter les objections soulevées par l'incrédulité, mais exposant les splendeurs de la foi, et ses harmonies avec les individus comme avec les sociétés, il désirait un enseignement qui fît contrepoids aux efforts de l'impiété, et dissipât les ténèbres, répandues dans l'esprit des étudiants. Il s'en ouvrit à quelques amis ; tous partagèrent son sentiment, une députation fut chargée de demander audience à l'archevêque, afin de solliciter la réalisation de leur vœu : et Ozanam fut désigné pour porter la parole.

Le premier pasteur du diocèse était alors Monseigneur de Quélen ; il était persécuté par les impies ; son palais avait été récemment incendié dans une émeute, mais sa grande âme ne savait que pardonner, prier pour ses ennemis, et travailler au salut de ses diocésains. La démarche de la jeunesse des écoles correspondait à ses aspirations. Il la bénit, embrassa les délégués avec effusion, et leur dit : « En vos personnes, je veux embrasser tous les jeunes catholiques. »

Dès le carême de 1834, Sa Grandeur résolut de leur donner satisfaction, en les appelant chaque dimanche autour de la chaire de Notre-Dame. L'archevêque fit lui-même la première conférence ; sept autres furent confiées à sept prédicateurs de talent. En 1835, l'abbé Lacordaire encore prêtre séculier, fut chargé de ce haut enseignement ; il obtint un immense succès. Sa parole sut attirer des milliers d'auditeurs de tous les âges, de toutes les positions sociales. Il fut si éloquent, il découvrit si bien le chemin des cœurs que, dès ses débuts, l'œuvre des conférences de Notre-Dame se trouva fondée. Il eut pour successeur le R. P. de Ravignan, dont le talent et la sainteté attirèrent un imposant auditoire. La jeunesse y occupait toujours une grande place. Les lettres, les sciences, la magistrature, l'armée, les assemblées politiques y envoyèrent leurs représentants les plus distingués : l'éminent prédicateur compléta l'institution, en prêchant, pendant la semaine sainte, une retraite, couronnée par une communion générale. Quelques années plus tard, le P. Lacordaire remontait dans la chaire de la métropole, après avoir restauré en France l'ordre des Dominicains. Il eut pour successeurs le P. Félix qui pendant 17 ans distribua le pain de la parole sainte avec une vaste érudition et des succès soutenus ; puis les Pères Matignon et Monsabré continuèrent le bien considérable, opéré par leurs prédécesseurs.

L'œuvre compte maintenant plus de 50 années d'existence. Dieu seul sait combien de préjugés elle a détruits, et combien d'âmes égarées elle a ramenées au bercail.

Ozanam eut l'honneur et le mérite de contribuer à cette fondation : il s'en occupa toute sa vie. Par ses conseils, par ses démarches, il attirait les jeunes gens à Notre-Dame. Il y arrivait lui-même plusieurs heures d'avance, et retenait beaucoup de places pour les donner aux étudiants attardés. Puis, le jour de Pâques, il retrouvait à la Table Sainte plusieurs de ceux qu'il avait amenés pendant le carême.

Quand sa santé l'obligeait à interrompre ses études, il cherchait toujours, dans ses loisirs forcés, à faire ce qui pouvait fortifier ses convictions, et les propager. Une année, il se rendit à la Grande-Chartreuse de Grenoble, assista aux offices des religieux, se pénétra de leur règle si austère, de leurs habitudes si mortifiées, et il rapporta de ce voyage les plus édifiants souvenirs.

Une autre année, son temps fut employé à composer un petit livre intitulé : *Les deux Chanceliers d'Angleterre*. C'est un parallèle entre Bacon et St-Thomas de Cantorbéry. Tous deux exercèrent les mêmes fonctions, et furent exceptionnellement doués sous le rapport de l'intelligence et du talent : mais quelle différence entre les résultats auxquels ils sont parvenus ! Bacon met son érudition, ses travaux, son imagination, au service d'une philosophie antichrétienne ; il répand de perfides erreurs ; il cherche, par la flatterie, à conserver son pouvoir et à l'augmenter. C'est un brillant météore qui aveugle au lieu d'éclairer ! St-Thomas au contraire défend la vérité avec un invincible courage. Son nom est entouré d'une auréole de mérites et de vertus héroïques. Il subit la mort plutôt que de pactiser avec l'impiété. En sacrifiant sa vie il semble vaincu, et c'est lui qui remporte la victoire. Il triomphe pour l'éternité, prouve la supériorité du droit sur la force, empêche l'Angleterre de tomber dans le schisme, et lui conserve, pour des siècles, l'inappréciable bienfait de l'orthodoxie.

Cette brochure fit diversion à l'étude des lois qui occupait encore la première place dans les travaux d'Ozanam. En 1836, il était docteur en droit.

Trois ans plus tard, il acquérait le titre de docteur ès-lettres, après avoir soutenu deux thèses, l'une en latin, et l'autre en français. Cette dernière traitait de la philosophie du Dante.

Dante Allighieri, surnommé l'Homère du Christianisme, était né à Florence, en 1265, d'une famille riche et ancienne. A cette époque, les Italiens étaient divisés en deux grands partis, les Guelfes, partisans du pouvoir temporel du Pape, et les Gibelins, défenseurs de la puissance des Empereurs d'Allemagne. Cette déplorable querelle datait de 1070, et devait durer plus de 400 ans.

Le Dante perdit son père, quand il était encore très jeune, et il fut élevé par une tendre mère. Placé par elle sous la direction d'un précepteur distingué, il fit de rapides progrès en grammaire, en littérature, et en philosophie. A neuf ans, cet enfant rencontra, dans une réunion de famille, une charmante petite fille de son âge, appelée Béatrix. Elle lui inspira tout d'abord une amitié très vive, remplacée plus tard par un sentiment passionné. Ni l'absence, ni le travail, ni les préoccupations politiques ne purent en diminuer l'ardeur. Béatrix mourut à 25 ans; mais cette mort prématurée n'effaça pas son souvenir dans l'âme de son admirateur désolé; il a élevé à sa mémoire un monument impérissable, en composant la Divine Comédie.

Le Dante, Guelfe par esprit de famille et par conviction, combattit les Gibelins, contribua par sa bravoure au triomphe de ses amis, et devint à 35 ans l'un des magistrats supérieurs ou princes de Florence. Mais son triomphe fut de courte durée. Les Guelfes, au lieu de rester unis, se divisèrent, la faction dans laquelle le Dante eut le tort de se ranger fut battue par sa rivale; et dès lors un premier jugement le condamne à l'exil; puis un second arrêt va jusqu'à porter contre lui la peine de mort. Obligé de prendre la fuite, il mène longtemps une vie errante, vient à Paris en 1313, et y soutient publiquement une thèse sur des questions de théologie; ensuite il retourne en Italie, s'arrête à Ravenne et y rencontre une sympathie inespérée. Un noble habitant de la ville, Guido Novello, touché de ses malheurs, admi-

2.

rateur de son génie, lui offre une généreuse hospitalité, et assure le repos ainsi que les pieuses pratiques de ses dernières années. C'est là qu'il mourut à 56 ans. — Pour honorer la mémoire du poète et celle du philosophe, son ami ordonna de somptueuses funérailles : après les cérémonies religieuses, il prononça lui-même, dans son palais, l'éloge du Dante.

Les poésies lyriques de cet auteur ont un mérite incontestable; mais sa Divine Comédie leur est bien supérieure, et le place au premier rang parmi les poètes de sa patrie. Solide érudition, imagination pleine de richesse, prodigieuse variété de tableaux inimitables, tels sont quelques-uns des mérites qui brillent dans cette belle œuvre et qui ont conservé leur éclat jusqu'à nos jours. Toutes ses beautés, selon la pensée de Chateaubriand, ont été inspirées par le Christianisme; ses défauts tiennent au mauvais goût du siècle, aux passions du Dante et aux erreurs qu'il a eu le tort d'associer à la vérité.

Il descend en enfer, passe en purgatoire, et monte au ciel. Avec lui on tremble, puis on espère, et enfin on est ravi de joie. En commençant son triple pèlerinage, il prend d'abord pour guide Virgile qui le quitte avant la fin de sa course, parce qu'il ne lui est pas permis d'entrer au ciel; dans le séjour du vrai bonheur, il trouve la Vierge

Marie, les saintes qu'il aime le plus, et Béatrix, l'idole de son cœur.

Ozanam fit un tableau remarquable des bautés de la Divine Comédie, et un magnifique éloge de son auteur, qui fut à la fois philosophe, poète et proscrit. Le succès de la thèse et le talent avec lequel elle fut soutenue dépassèrent toutes les prévisons. Le célèbre Cousin, l'un des examinateurs, interrompit le débat, et dit au jeune homme qui conquérait d'une façon si brillante un nouveau titre de docteur : « Monsieur Ozanam, on n'est pas plus éloquent que cela. » Les applaudissements unanimes du nombreux auditoire prouvèrent que l'éminent professeur avait traduit l'impression générale, et encouragèrent celui qui venait de se révéler comme écrivain et comme orateur. Plus tard il revit sa thèse, lui donna de nouveaux développements, et en fit un volume qui, dès son apparition, fut traduit en italien, en anglais et en allemand.

A peine docteur en droit, Frédéric avait perdu son père; dès qu'il fut docteur ès-lettres, sa mère termina son pèlerinage ici-bas. Il pleura beaucoup ses excellents parents. Il les aimait tant qu'il ne se trouvait jamais si bien que dans leur douce compagnie. Aussi leur voua-t-il un culte de vénération et de tendre piété filiale. Il avait besoin d'en parler : ses lettres à ses amis exprimaient des regrets touchants : « ... Mon père ne vous était pas connu, écrivait-il à l'un d'eux, mais vous me connaissez, et si jamais vous avez trouvé en moi quelque chose qui ne vous déplût pas, c'était de lui, de ses conseils, de ses exemples qu'elle me venait..... » Puis, faisant allusion à sa mère : « ses premiers enseignements m'avaient donné la foi; elle était pour moi l'image vivante de la sainte Eglise, notre mère aussi; elle me semblait la plus parfaite expression de la Providence.... Par moments, la foi paraît m'échapper avec celle qui en fut l'interprète.

Pendant un certain temps, Frédéric ne désirait plus que la grâce de finir bientôt sa carrière, avec les dispositions chrétiennes, manifestées par ses parents; mais Dieu lui ménageait encore des années de luttes, de joies, de travaux, d'épreuves et de mérites. »

A l'époque qui nous occupe, l'Etat venait d'accorder à Lyon une chaire de droit commercial; les représentants de la cité demandèrent qu'elle fût occupée par Ozanam. Cette désignation, qu'il n'avait pas ambitionnée, fut une consolation pour sa douleur. Séduit par la perspective de revoir ses amis, d'habiter une ville où son père et sa mère avaient vécu longtemps, où leur mémoire était honorée, où lui-même avait passé son enfance, il accepta sans hésiter la mission qui lui était offerte. Les Lyonnais se montrèrent fiers de leur concitoyen. Sa taille et l'ensemble de son extérieur n'avait rien de remarquable; mais sa physionomie douce et modeste prévenait en sa faveur : sa longue chevelure noire ombrageait un noble front; ses yeux révélaient beaucoup d'intelligence et de bonté. Quand il parlait, son regard s'animait et impressionnait son auditoire.

Il ne fut pas longtemps professeur de droit. Après l'avoir enseigné pendant une année, il apprit l'ouverture d'un concours pour le titre d'agrégé à la Faculté des Lettres de Paris, et il résolut de s'inscrire au nombre des concourants.

Durant quinze jours d'épreuves, il déploya des connaissances et une intelligence justement appréciées. Appelé à préparer, en 24 heures, une leçon sur les scoliastes grecs et latins (1), il sut répandre de l'intérêt et de l'agrément sur ce sujet très aride. Aussi tous les suffrages lui attribuèrent-ils le premier rang parmi ceux qui aspiraient à l'agrégation (1840).

Cependant cette pacifique victoire laissa le vainqueur indécis, et comme embarrassé de son triomphe. Il lui en coûtait de renoncer à la chaire

(1) On appelle scoliastes les critiques des auteurs de l'antiquité.

de Lyon, et de s'éloigner de tant de personnes estimables, qui l'avaient si bien accueilli. Ampère fils mit un terme à ses incertitudes. Cet homme aimable et distingué avait suivi dans ses études l'ancien hôte de son père; il avait facilité ses recherches littéraires, et avait acquis sur lui l'ascendant d'une affectueuse amitié. Il réussit à lui persuader que la littérature était sa vocation. Alors Ozanam, délivré de toute hésitation, accepta la suppléance de M. Fauriel, professeur de littérature étrangère à la Sorbonne.

Le Père Lacordaire dit à ce sujet : « C'est un beau jour que celui où le front serein et le cœur à l'aise, l'homme a le secret de Dieu sur lui, et atteint la tente où il achèvera de vivre... Venu à Paris, simple étudiant, il avait, en neuf années de travail, conquis un rang distingué dans une double carrière; la jurisprudence et les lettres, occupé une chaire de droit, et mérité la suppléance d'un cours célèbre à la Sorbonne..... M. de Montalembert le recevait amicalement; tout ce qu'il y avait, parmi les chrétiens, d'hommes éminents ou en voie de le devenir, pressentait en lui un successeur ou un compagnon d'armes. La possession prématurée d'une si belle vie n'enfla pas son cœur. Il demeura vrai, ouvert, cordial et laborieux : noble effet d'un naturel que la raison éclairait de toute sa lumière, et que la foi avait purifié du levain de l'orgueil. Ce point si envié de l'assiette dans le succès, qui est presque toujours le signal d'une transformation égoïste dans le cœur de l'homme, avait laissé Ozanam tel qu'il était. On l'eût pris encore, allant à sa chaire de Sorbonne, pour un simple étudiant. Sa tenue n'avait pas changé;... il lisait volontiers en chemin, sans que l'application l'empêchât de voir les marques de sympathies dont il était l'objet, et il rendait toujours en honneurs plus qu'on ne lui avait accordé. Pendant vingt ans que je l'ai connu, je l'ai vu troublé, indigné, mais sans qu'il m'ait été possible d'y découvrir jamais l'ombre de hauteur ou d'affectation, ce qui est le signe certain d'une âme plus grande que la fortune, et qui voit Dieu constamment. »

Une fois entré dans la voie qu'il devait suivre, Ozanam ne rejeta pas la perspective d'un mariage chrétien; et, dans une lettre à l'un de ses intimes, il va même jusqu'à énumérer humblement les qualités qu'il désire rencontrer chez la future compagne de sa vie. « ... Je prie qu'elle apporte avec elle ce qu'il faudra de charmes extérieurs pour qu'elle ne laisse place à aucun regret; mais surtout qu'elle vienne avec une âme excellente, qu'elle apporte une grande vertu, qu'elle vaille beaucoup mieux que moi, qu'elle m'attire en haut; qu'elle ne me fasse pas descendre;

qu'elle soit généreuse, parce que je suis souvent pusillanime; qu'elle soit fervente, parce que je suis tiède dans les choses de Dieu; qu'elle soit compatissante enfin, pour que je n'aie pas à rougir devant elle de mon infériorité. Voilà mes vœux, voilà mes rêves, mais rien n'est plus impénétrable que mon avenir. »

En 1841, la Providence lui accordait le bonheur de trouver son idéal : il épousait mademoiselle Amélie Soulacroix, fille du Recteur de l'Académie de Lyon.

Quelques jours après la célébration de son mariage, il révélait à un ami ses douces impressions. Nous citerons un passage de cette lettre. Nous visons surtout à faire connaître ses pensées, ses sentiments ; sa correspondance est comme un miroir, dans lequel ils se reflètent avec une vérité que nous chercherions vainement ailleurs.

«..... Les grandes choses auxquelles s'intéressait votre affection se sont accomplies mercredi dernier, 23 Juin, à dix heures du matin, dans l'église de Saint-Nizier : votre ami était à genoux ; à l'autel était son frère aîné, élevant ses mains sacerdotales, et, au pied, son jeune frère, répondant aux prières liturgiques. A ses côtés vous auriez vu une jeune personne, blanche et voilée, pieuse comme un ange, et déjà elle me permet de le dire, attendrie et affectueuse comme une amie. Plus heureuse que moi, elle était entourée de ses parents, et cependant tout ce que le ciel m'a laissé de famille s'y était donné rendez-vous; mes anciens camarades, mes frères de St-Vincent de Paul, de nombreuses connaissances remplissaient le chœur et peuplaient la nef. C'était beau, et les étrangers même s'en sont trouvés émus. Quant à moi, je ne sais plus où j'étais. Je retenais à peine de grosses mais délicieuses larmes, et je sentais descendre sur moi la bénédiction divine avec les paroles consacrées.

Ah ! mon cher ami, vous, le compagnon des temps laborieux, vous, le consolateur des jours mauvais, que n'étiez-vous là ? Je vous aurais prié de donner votre signature à l'acte commémoratif de cette grande fête; je vous aurais présenté à la charmante épouse qui m'était donnée. Elle vous aurait salué de ce gracieux sourire qui enchantait tout le monde. Depuis cinq jours que nous sommes ensemble, quel calme, quelle sérénité dans cette âme que vous connaissiez si inquiète, si ingénieuse à se faire souffrir !...

Aidez-moi à être bon et reconnaissant ; chaque jour, en me découvrant de nouveaux mérites dans celle que je possède, augmente ma dette envers la Providence. »

Dès cette première année de mariage une partie

des vacances fut employée à refaire le voyage de Rome. Ozanam sut trouver le temps d'initier sa chère compagne aux merveilles répandues en Italie, de recueillir des documents très utiles à ses travaux, et d'adresser à ses amis des pages pleines d'intérêt.

Revenu en France, Ozanam dut se préparer à l'ouverture de son cours. Il comptait parler de la littérature allemande au moyen-âge, et faire connaître la bienfaisante influence des idées chrétiennes sur l'esprit et sur les institutions de l'Allemagne. Il voulait surtout démasquer trois hommes célèbres qui avaient, au commencement de notre siècle, exercé sur leurs compatriotes un déplorable ascendant. C'étaient Gœthe, Hégel et Strauss.

Gœthe (1749-1832) égale, comme poète, les plus grandes notabilités de son pays; comme historien, il se distingue par un style élégant et correct; comme savant, il a fait d'ingénieuses découvertes; mais ses nombreux ouvrages accusent l'absence de conviction et d'unité; égoïste, il met sur le même rang l'erreur et la vérité; il accepte toutes les croyances avec une froide indifférence, et il a contribué, pour une large part, aux progrès du scepticisme religieux.

Hégel (1770-1831) sut attirer de nombreux auditeurs à ses cours de philosophie. Malheureusement il s'est servi de son esprit pour soutenir des thèses erronées, et a publié des mémoires très obscurs, favorables au panthéisme, système absurde, qui réduit toutes les existences à un seul être qu'il appelle Dieu, ne leur accorde qu'une liberté apparente, et les suppose toutes absorbées dans la substance divine.

Enfin Strauss, né en 1808, est un pasteur protestant; il s'est efforcé de saper les bases de la religion par ses discours, et par des écrits très répandus en Allemagne.

Ces trois auteurs avaient employé leur talent à propager l'erreur au profit de l'impiété, il fallait les réfuter : tel était le but d'Ozanam. Il l'atteignit, à force d'intelligence, de travail et de ferme volonté. Tout en dévoilant l'inexactitude des faits et la fausseté des raisonnements, il traite ses adversaires avec de grands ménagements, évite les personnalités, ménage les amours propres, et s'attire bien des sympathies par ses charitables procédés. Armé de preuves irréfragables, il démontre qu'en Allemagne comme en Angleterre, en Italie et dans toute l'Europe, le Catholicisme fut le propagateur et le gardien de la vraie civilisation ; après avoir sauvé ce qu'il y avait de louable dans l'Ancien monde, après avoir préservé de la destruction les chefs-d'œuvre littéraires de l'antiquité, il répandit la lumière, fit pénétrer la vérité dans les intelligences et introduisit dans l'éducation des enfants, dans l'organisation de la famille, dans les mœurs, les institutions et les lois, des améliorations et des bienfaits que lui seul pouvait apporter à l'humanité.

Les conférences d'Ozanam électrisaient ses auditeurs. A sa sortie, on l'assiégeait pour le féliciter, l'interroger, recueillir ses réponses et lui faire cortège dans les allées du Luxembourg. Il était épuisé de fatigue; mais ces témoignages de chaleureuse reconnaissance le ranimaient. On était sous le charme de ses paroles ! Quel bonheur pour Ozanam, quand elles amenaient une conversion, et quelle joie, quand, par exemple, il reçut la lettre suivante :

« Monsieur, il est impossible de ne pas croire ce que l'on exprime si bien et avec tant de cœur. Si ce peut être pour vous une satisfaction, que dis-je un bonheur, éprouvez-le dans toute sa plénitude ; avant de vous entendre je ne croyais pas : ce que n'avaient pu faire bon nombre de sermons, vous l'avez fait en un jour ; vous m'avez fait chrétien ! »

Le P. Gratry, directeur du Collège Stanislas vint encore ajouter aux fatigues et aux mérites d'Ozanam en lui demandant de se charger du cours de rhétorique, conjointement avec celui de la Sorbonne. L'éloquent professeur accepta ce surcroît de travail, dominé surtout par son désir d'accomplir la plus grande somme possible de bien en ce monde. Il exerça sur ses jeunes élèves une influence que son esprit, son travail et son éloquence ne suffiraient pas à expliquer. Il fut puissant sur ses auditeurs, parce qu'il était éminemment sympathique. L'affection et la bonté qu'il leur manifestait devinrent un aimant irrésistible. Aussi, dit M. Lenormant, en très peu d'années et avec une classe de vingt élèves, il a donné à la France plus d'hommes distingués, fondés en religion, en moralité, en talent, que les professeurs réunis de 50 lycées.

Pendant qu'Ozanam continuait ses cours avec une rare distinction, les catholiques remplissaient un devoir impérieux, en réclamant avec énergie la liberté d'enseignement, très désirable pour le salut des âmes, depuis longtemps promise, et toujours ajournée. Leurs légitimes réclamations auraient pu créer à Ozanam une position difficile; mais son tact, sa mesure et sa loyauté surent éviter tous les écueils. Il n'attaqua pas le corps universitaire auquel il devait de la reconnaissance, et qui était fier de le compter dans ses rangs; mais il ne se sépara pas des catholiques, fit partie de leurs assemblées, de leurs associations, et ses opinions bien connues remplacèrent ce que les convenances ne lui permettaient pas de dire dans sa chaire.

De toute part, on faisait appel à son zèle, à sa parole, à ses lumières, et il ne savait rien refuser. Il présidait une conférence littéraire, et multipliait ses discours, toujours goûtés, toujours efficaces pour conduire à Dieu. Il parlait spécialement dans les assemblées de charité, et dans les réunions d'ouvriers, charmés de l'entendre (1). Il se mettait à leur portée pour leur distribuer les trésors de son érudition. « Chacun son métier, leur disait-il. Le mien, c'est de compulser de vieux livres, et d'y chercher les leçons du passé. » Puis, il leur présentait, sous une forme attrayante, le résumé de ses découvertes, et soulevait de chaleureux applaudissements.

Il fit, pendant quatre ans, le cours de littérature étrangère, comme suppléant ; à la mort de M. Fauriel, l'unanimité des suffrages le désigna pour occuper la chaire, comme professeur en titre. Il n'avait que 32 ans ; une élévation aussi prématurée était sans précédent à la Sorbonne. Cependant le ministre confirma le choix, qui fut joyeusement accueilli par tout le monde, excepté par les rhétoriciens de Stanislas. Ceux-ci s'affligèrent à la pensée de perdre un tel maître ; ils savaient

(1) Il s'occupait des sociétés de St-François-Xavier, qui instruisent les ouvriers, les édifient, et les portent à s'entr'aider en cas de maladie. Ce sont des associations chrétiennes de secours mutuels.

en effet que, d'après les règles universitaires, sa nouvelle position ne lui permettait plus de se charger d'un second cours. Ils s'adressèrent au ministre, afin d'obtenir une exception en leur faveur. Ils échouèrent ; mais leur démarche montra quel attachement Ozanam leur avait inspiré.

Douze ans plus tard, l'un de ses élèves les plus distingués, M. Caro, académicien et professeur de philosophie à la Sorbonne, rendait hommage à la supériorité de sa méthode d'enseignement et à ses qualités personnelles (1).

«..... Il avait toutes sortes de prises sur l'esprit, et il le saisissait par la raison qu'il avait forte et exercée, par l'imagination qu'il avait heureuse, et surtout par une espèce de dialectique, où il excellait, et par laquelle, interrogeant l'élève, et le conduisant avec art, il lui donnait l'illusion d'avoir trouvé ce qu'il lui faisait voir.

...... Ingénu et bon, il était populaire parmi tous les jeunes gens réunis et groupés autour de lui ; je n'ai jamais connu maître plus aimé. La jeunesse allait à lui par d'inévitables sympathies ; et ces sympathies, des deux côtés, étaient fidèles. Par le progrès des années, ses anciens élèves devenaient presque tous ses amis. On ne se décidait pas à se passer de lui, quand on l'avait connu. »

(1) Un apologiste chrétien au XIXe siècle, revue contemporaine de 1856.

# CHAPITRE II

Ozanam, heureux père d'une fille, exprime et applique ses sentiments sur les devoirs imposés aux parents. — Une mission scientifique et littéraire décide son 3e voyage en Italie. — Assises et les poésies des franciscains. — Histoire de Jacopo di Beneditti. — Charmant petit livre publié par Ozanam sur ce sujet. — Voyage en Suisse. — St-Gall, Einsiedeln, Echallens. — Révolution de 1848: l'ère nouvelle. — Les journées de Juin. — L'archevêque de Paris, martyr de la charité. — Œuvres d'Ozanam. — Etudes germaniques. — La civilisation au 4e siècle. — Voyage en Bretagne, Vannes. — Saint Vincent Ferrier. — Sollicitude incessante d'Ozanam pour la Société de Saint-Vincent de Paul. — Au printemps de 1852, une grave maladie l'oblige à interrompre son cours. — Envoyé aux Eaux-Bonnes, il y fonde une conférence et un hôpital. Biarritz, Bétharam. — Excursion en Espagne. — Notre-Dame de Buglose. — Village de Saint Vincent de Paul. — 4e voyage en Italie. — Florence. — Allocution aux confrères de la ville. — Long entretien avec la grande Duchesse Douairière. — Maurice de Sully. — La santé d'Ozanam inspire de très sérieuses inquiétudes. — Ozanam passe son dernier hiver à Pise, séjourne au printemps sur les bords de la mer, revient à Marseille, d'où sa belle âme monte vers Dieu (8 septembre 1853). Son corps, transporté à Paris, repose dans un caveau de l'église des Carmes. — Appréciation du R. P. Lacordaire. — Caractère vertus, d'Ozanam. — Reproduction de lettres, écrites à des personnes affligées. — Les noces d'or de la Société de Saint-Vincent de Paul. —

Ozanam était depuis peu de temps professeur titulaire, quand la Providence lui accorda les joies très désirées de la paternité. Les heureux parents ressentirent vivement ce bonheur, et firent monter vers Dieu les accents de leur reconnaissance. Ils donnèrent à leur fille le nom de Marie, pour la placer plus intimement sous le patronage de la sainte Vierge, et aussi pour rappeler le cher souvenir d'une grand'mère, à laquelle Ozanam conservait fidèlement sa filiale tendresse. Madame Ozanam voulut elle-même nourrir son enfant, et refusa de se décharger de ce devoir, quoiqu'elle eût pu, comme tant d'autres, s'y soustraire, en s'appuyant sur des raisons de santé. Ozanam, de son côté, envisagea sa nouvelle mission en chrétien sérieux et éclairé. — Il écrit à ce propos :

« ..... Nous commencerons de bonne heure l'éducation de Marie en même temps qu'elle recommencera la nôtre : car je m'aperçois que Dieu nous l'envoie, pour nous apprendre beaucoup et pour nous rendre meilleurs. Je ne puis voir cette douce figure, toute pleine d'innocence et de pureté, sans y trouver l'empreinte du Créateur, moins effacée qu'en nous. Je ne puis songer à cette âme impérissable, dont j'aurai à rendre compte, sans que je me sente plus pénétré de mes devoirs. Comment pourrai-je lui donner des leçons, si je ne les pratique pas ? – Dieu pouvait-il prendre un moyen plus aimable de m'instruire, de me cerriger, de me mettre dans le chemin du ciel ? »

Le mérite de ses travaux littéraires et la distinction avec laquelle il professait la littérature étrangère lui valurent bientôt la décoration de la légion d'honneur, puis un fauteuil à l'Académie de Munich. Tout semblait lui sourire et lui promettre un avenir de prospérité. Mais les joies de ce monde sont courtes, et l'épreuve ne tarde pas à s'y associer. Elle nous arrive pour nous aider à expier nos fautes, pour nous dire : Montez plus haut. Le temps passe vite ; il ne faut pas s'y attacher. L'éternité approche ; il importe d'y penser et de préparer le bonheur qui ne finit pas. Cette fois, ce fut la maladie qui vint donner à Ozanam ce salutaire avertissement. Dans l'été de 1846, une fièvre pernicieuse, due peut-être à l'excès de ses fatigues, mit sa vie en grand péril, et laissa des traces qui ne s'effacèrent jamais complètement,

Les forces disparurent ; ses mains, habituées à écrire tant et de si belles pages, furent affectées d'un tremblement nerveux.

Quand il devint transportable, l'air de la campagne lui fut recommandé ; Bellevue, qui avait été choisie, ne produisit pas l'effet espéré. Alors les médecins prescrivirent une année de repos, passée loin de Paris, et M. de Salvandy, alors Ministre de l'Instruction publique, dans une pensée d'affectueux intérêt pour le malade, le chargea d'une mission scientifique et littéraire qui, sans excéder ses forces, l'obligeait à faire un 3ᵉ séjour en Italie, dans ce pays qu'il aimait beaucoup à étudier.

Le ménage, très étroitement uni, ne se séparait pas ; il partit pour Rome à la fin de 1846, afin d'y passer l'hiver. Il obtint deux audiences du Souverain Pontife, assista plusieurs fois aux touchantes cérémonies papales, et fut pénétré d'admiration pour la Sainteté de Pie IX. C'est à Rome qu'Ozanam rédigea son rapport sur les écoles aux temps des barbares, ainsi que les documents relatifs à l'histoire littéraire de l'Italie, du 7ᵉ au 13ᵉ siècle. Telle était la double tâche que M. de Salvandy lui avait confiée.

Ozanam recueillit dans les couvents des franscains de précieux renseignements sur les poésies de leur fondateur, et sur celles de plusieurs de ses religieux. Le plus célèbre fut Jacopo di Beneditti. Jurisconsulte érudit, noble, riche, plein d'avenir. il avait épousé une femme d'une beauté remarquable, et digne, à tous égards, de lui être associée. En 1268, la ville de Todi, son berceau, donnait de grands jeux publics, et son épouse y assistait sur une estrade élevée, en compagnie de l'élite des dames du pays. Tout à coup un bruit sinistre se fit entendre; c'était le craquement de l'estrade qui s'effondrait ! Parmi les personnes englouties sous les débris, Jacopo trouve sa jeune femme qui se mourait. Il la relève, l'emporte, la déshabille, et sous ses beaux vêtements, il voit un cilice sur sa chair ! Jacopo est terrassé sous le double coup de la douleur et de la grâce. Il vend ses biens, en distribue le prix aux pauvres, et n'aspire plus qu'au mépris et à la pénitence. Il se couvre de haillons, n'a pas un toit pour s'abriter, erre dans les bourgades, devient la risée des enfants eux-mêmes, qui l'appellent Jacopone (Jacques l'insensé), surnom qu'il voulut conserver pour ajouter à ses humiliations.

Souvent, quand le spectacle de son apparente folie avait réuni une foule assez compacte à sa suite, il se retournait pour lui dire les vérités les plus capables de l'impressionner. Il consacra dix années à ce genre de vie; puis il comprit qu'il devait se soumettre à une règle : il alla frapper alors à la porte d'une maison de franciscains. Plusieurs rebuts ne lassèrent pas sa persévérance, et il finit par obtenir son admission : C'était à une époque difficile pour l'ordre; une partie des religieux demandait des adoucissements à la règle ; d'autres réclamaient le maintien et l'application des anciennes rigueurs.

Jacopone, d'un caractère bouillant et emporté, se prononça pour les derniers, et défendit leur cause avec une violence immodérée. Il s'oublia au point de propager d'odieuses calomnies contre le Souverain Pontife qui avait sanctionné la règle mitigée. Sévèrement châtié, il accepta cette pénitence en expiation de ses fautes, et trouva dans un couvent de son ordre le repos de ses dernières années. Il expira dans la nuit de Noël (1306), en chantant l'un des cantiques qu'il avait composés.

On a conservé de lui plus de deux cents poésies. Il s'y rencontre des satires, de petites pièces théologiques, et des compositions destinées à populariser une bonne pensée ou à célébrer une fête religieuse : mais son œuvre la plus remarquable est son double *Stabat*, celui du Calvaire et celui de la Crèche.

« La liturgie catholique, dit Ozanam, n'a rien de plus touchant que le *Stabat mater dolorosa*, cette complainte si triste, dont les stances monotones tombent comme des larmes si; douce, qu'on y reconnaît bien une douleur toute divine, consolée par les anges ; si simple, enfin, dans son latin populaire, que les femmes et les enfants en comprennent la moitié par les mots, l'autre moitié par les chants et par le cœur. Cette œuvre incomparable suffirait à la gloire de Jacopone. Mais en même temps que le *Stabat* du Calvaire, il avait voulu composer le *Stabat* de la Crèche, où paraissait la Vierge Mère dans toute la joie de l'enfantement. Il l'écrivit sur les mêmes mesures et sur les mêmes rimes; tellement qu'on pourrait douter un moment lequel fut le premier, du chant de douleur ou du chant d'allégresse. »

De délicieuses pages sur saint François d'Assises, sur les poèsies fransciscaines et spécialement sur Jacopone, formèrent un charmant petit volume, fort apprécié en France et très goûté en Italie; cette œuvre valut à Ozanam le titre d'académicien Della Crusca (1).

Ampère appelle ce livre un chef-d'œuvre plein de savoir et de grâce.

(1) Cette académie avait été fondée en 1882 à Florence ; son nom (académie *du crible*) dit assez la sévérité de ses choix. Elle nomma Ozanam peu de temps avant sa mort. Le fransciscain qui lui adressa le diplôme lui envoyait en même temps un titre précieux qui le plaçait au nombre des bienfaiteurs de l'ordre, et l'associait à ses mérites.

« J'insiste sur le mot *grâce*, ajoute-t-il, parce que c'était un des caractères de l'imagination d'Ozanam, dont l'austérité de la vie et les labeurs de l'érudition n'avaient pas fait tomber la fleur. Ses amis le savent par ses lettres, le public peut le reconnaître en mille endroits de ses plus doctes travaux et surtout dans ses Poètes fransciscains au 13e siècle. Il est vraiment incroyable que le même homme ait pu en même temps se livrer aux recherches érudites, consignées dans son rapport sur une mission en Italie que lui avait confié M. de Salvandy, et écrire ce délicieux volume,

..... J'avais été initié au secret de la traduction modeste des *Petites Fleurs de saint François*, qui accompagne l'ouvrage d'Ozanam, et qui, dit-il, est l'œuvre d'une main plus délicate que la sienne; cette main est celle qui s'est trouvée assez forte pour lui présenter le dernier breuvage, et qui lui a donné la dernière étreinte. »

Ozanam revint à Paris, en passant par Venise et la Suisse. Il traversa St-Gall et en rapporta de pénibles souvenirs. La dispersion de l'antique monastère qui avait fait tant de bien, ses bâtiments dévastés ou envahis par des fonctionnaires civils, les lambeaux à peine conservés de l'ancienne bibliothèque, que les religieux avaient mis des siécles à composer, tout portait la trace de l'esprit révolutionnaire; il avait passé par là, et y avait accumulé les ruines.

Après les tristesses de St-Gal, Ozanam est édifié et consolé par le pèlerinage d'Einsiedeln. Là, de fervents Bénédictins puisent chaque jour des mérites précieux aux sources de la science, des austérités et des bonnes œuvres. De nombreux pèlerins, espacés sur la route, prient avec ferveur, obtiennent des grâces signalées, invoquant avec confiance l'intercession de Celle qui, depuis dix siècles, se plaît à manifester en ces lieux sa puissance et sa bonté. Enfin Ozanam constate combien est encore vivante la mémoire du noble Meinrad. Après avoir longtemps dirigé le couvent de Reichenau, ce saint avait voulu servir Dieu dans la solitude et le dénûment le plus absolu. Il s'enfuit dans le désert pour y construire son frêle ermitage. Des brigands, instruits de son illustre origine, lui supposèrent des trésors, et vinrent le tuer pour s'emparer de ses richesses. Ils ne trouvèrent rien de ce qu'ils cherchaient, et reçurent bientôt le châtiment de leur crime. Quant à Meinrad, il était au ciel, et il assurait par ses ferventes prières l'avenir du pèlerinage.

Après Einsiedeln, Ozanam se rendit à Echallens; c'était le village où sa pieuse mère avait fait sa première communion. Il raconte cet épisode de son voyage avec une filiale émotion.

« Un de mes plus doux moments du voyage de Suisse, c'est la demi-heure que nous avons passée à Echallens. Nous n'avions ni calculé ni prévu cette station de notre pèlerinage. La chose s'était arrangée d'elle-même, comme tout ce qui s'arrange bien. Je me rappelais que c'était le lieu où mon grand'père s'était retiré pendant les derniers mois de la Terreur, et dont ma mère m'avait si souvent parlé. Que n'aurais-je pas donné pour connaître la maison qu'habita ma famille ! Du moins, je voyais le petit bois et les jolis sentiers où ils allaient cueillir des fraises...... J'ai visité l'église dans laquelle ma bonne mère a fait sa première communion, sous la direction du pieux curé qui lui répétait : Nous irons les deux, nous irons les deux en paradis. — Cette chère église est bien misérable; cependant j'y ai prié avec plus d'émotion que de coutume; j'y ai remercié Dieu des grâces qu'il avait faites en ce lieu même à la petite exilée; j'ai prié pour ma mère, parce que c'est un devoir de prier pour les morts : mais, comme je la crois heureuse et puissante dans le ciel, je lui ai demandé de veiller sur nous, de nous aider à finir heureusement ce voyage trop long, et surtout d'obtenir à ses enfants quelques-unes de ses vertus. Ma femme et ma belle-mère priaient avec moi, et ma petite Marie s'agenouillait bien sagement devant la grille du sanctuaire.

Amélie a voulu cueillir quelques fleurs sur la petite éminence où s'élève l'église : ces fleurs ne sont pas celles que notre bonne mère foulait en allant à la messe, mais elles leur ressemblaient, et plaise à Dieu que nous lui ressmblions autant ! »

Rentré en France dans l'été de 1847, Ozanam rapportait des forces qu'il voulait, comme toujours, consacrer à la défense de la vérité. Après les vacances, il ouvrit son cours à la Sorbonne, et les auditeurs, privés, l'année précédente, des leçons d'un tel maître, accoururent en foule pour l'entendre. Malheureusement la révolution de 1848 détruisit le calme et le recueillement favorables aux études. Les journées de février renversèrent le trône du roi Louis-Philippe ; et la république fut proclamée. Ozanam aimait trop son pays pour se désintéresser des graves événements dont il était témoin. Ennemi de la licence, partisan d'une liberté sage, respeetueuse de tous les droits, laissant à chacun la faculté de remplir tous ses devoirs, et de suivre sa vocation, il croyait à l'avénement d'une démocratie chrétienne. Les hommes du pouvoir ne se montraient pas hostiles à la religion, ils firent même aux catholiques plusieurs avances. Telles furent quelques-unes des considérations qui le décidèrent à concourir à la fondation de l'*Ere Nouvelle*. Ce journal adoptait la forme républicaine du gouvernement ;

mais il annonçait l'intention de se placer au-dessus des partis, et de les traiter avec une égale impartialité, afin de pouvoir leur dire à tous la vérité, d'une façon charitable et mesurée. Il y avait là des intentions généreuses et des illusions que les événements se chargèrent de dissiper. L'*Ere Nouvelle* obtint de respectables adhésions, publia des articles remarquables ; mais bientôt elle eut à lutter contre des difficultés presques insurmontables. Elle voulait pacifier, et son apparition devint le signal de la guerre. La division pénétra dans le camp de ses rédacteurs ; à part une fraction peu nombreuse de Catholiques, la masse lui fut hostile. Les uns se contentèrent d'une opposition modérée ; les autres l'attaquèrent avec une extrême violence. Les désordres et les émeutes prouvèrent d'ailleurs que les maîtres du pays n'avaient ni la sagesse, ni la force, ni le bon esprit que les optimistes leur avaient supposés. L'entreprise échoua, et après une année d'existence (Avril 1849), le journal cessait de paraître. Mais nul ne put mettre en doute ni le complet desintéressement, ni l'entière pureté d'intention qui animaient Ozanam.

La république existait depuis quelques mois à peine, quand les terribles journées de juin ensanglantèrent la capitale, et révélèrent les odieuses menées du socialisme. Malgré les délicatesses de sa santé, Ozanam accomplit scrupuleusement ses devoirs de garde national, afin de contribuer, pour sa part, au maintien de l'ordre public. Il passait les nuits, faisait des patrouilles, et s'exposait à la mort, avec la sérénité d'une conscience sans peur, parce qu'elle était sans reproche.

« Le 25 juin, dit son très honoré frère, il montait la garde avec MM. Cornudet et Bailly, à un poste de la rue Madame. Ils s'entretenaient ensemble des rumeurs de plus en plus sinistres auxquelles donnait lieu la prolongation de la lutte; tout à coup la pensée de l'intervention de l'archevêque jaillit de leurs angoisses, et il leur parut que ce serait un grand triomple pour l'Eglise, si Monseigneur se faisait médiateur au milieu de cette effroyable guerre civile. Ils allèrent aussitôt en parler à M. l'abbé Buquet (1), qui les approuva, et leur donna une lettre dans un grand pli, destinée à leur servir comme de sauf-conduit, pour arriver à travers les barricades jusqu'à l'archevêché.

Monseigneur Affre les reçut avec sa bonté accoutumée, et, après avoir écouté le projet qu'ils venaient lui exposer, il leur répondit avec une admirable simplicité : Je suis pressé par cette

(1) M. l'abbé Buquet était alors Vicaire-général du diocèse de Paris.

pensée depuis hier, mais comment la réaliser? Comment parvenir jusqu'aux insurgés? Le général Cavaignac permettra-t-il une telle démarche? Puis, où le trouver lui-même?

Ces messieurs répondirent aux objections par l'assurance que l'archevêque serait reçu partout avec vénération. — Vous avez raison, dit-il, eh bien, je vais y aller, je vais mettre ma soutanelle pour ne point être remarqué, et vous me montrerez le chemin.

Au moment où il se disposait à s'habiller, entre un prêtre qui raconte, avec le plus grand effroi, des détails terribles de l'insurrection, dont il a été témoin, il n'y a qu'un instant. Monseigneur l'écoute avec émotion, mais ne se laisse pas détourner de son dessein.

En quelques minutes, Monseigneur était prêt; comme s'ils eûssent le pressentiment du triomphe qui l'attendait, ces messieurs osèrent insister pour qu'il mît sa soutane violette, et pour que sa croix d'archevêque fût visible sur sa poitrine. Avec la même soumission avec laquelle il avait accueilli leurs premières paroles, il dit : Vous croyez que cela est mieux; eh bien! je vais mettre ma soutane violette.

Rien ne peut rendre le respectuenx enthousiasme qui accueillit Monseigneur sur son passage. Ce fut une marche triomphale, depuis l'ile Saint-Louis jusqu'à l'Assemblée Nationale. Pendant ce long parcours, les troupes, la garde nationale, la garde mobile couraient aux armes et battaient aux champs; les hommes se découvraient, les femmes et les enfants s'inclinaient. C'était le plus beau spectacle du monde. L'élan était spontané, unanime; chacun comprenait instinctivement que l'archevêque paraissait au milieu de cette multitude armée pour quelque grand motif.

Le général Cavaignac reçut l'archevêque avec respect et admiration. Aussitôt il lui fit connaître tout le danger auquel il allait s'exposer. Il lui apprit que le général Bréa, envoyé comme parlementaire, venait à l'instant d'être pris par les insurgés. Il le conjura de ne pas s'exposer à un pareil péril : mais la résolution de Monseigneur était inébranlable, et les témoins se souviennent encore de la simplicité héroïque avec laquelle il répondit : « J'irai. » Le général Cavaignac ne pouvant modifier la résolution du vénéré prélat, lui remit une proclamation aux insurgés et une dernière promesse de miséricorde, s'ils déposaient les armes.

L'archevêque sortit, MM. Ozanam, Cornudet et Bailly voulurent l'accompagner; mais il s'y refusa d'une façon absolue; et comme ils continuaient à le suivre, au pont des Saints-Pères, il leur dit qu'ils devaient le laisser; leur uniforme de gardes nationaux le gênerait dans sa mission, lui donnerait un semblant d'escorte, et il voulait aller seul avec ses deux prêtres. Ils le quittèrent par obéissance, mais avec une profonde douleur.

L'archevêque, épuisé de fatigue par cette longue marche, rentra chez lui, prit un peu de repos et quelque nourriture, puis se confessa comme s'il devait mourir. Ensuite il partit pour le faubourg Saint-Antoine, accompagné de l'abbé Jacquemet, de l'abbé Ravinet ses grands-vicaires, et de son fidèle domestique, commentant en chemin ce verset de l'Ecriture : *Le bon pasteur donne sa vie pour ses brebis.*

A la place de l'Arsenal, il s'arrêta quelques instants pour bénir et consoler de pauvres blessés; il était huit heures du soir et la lutte continuait avec acharnement. Arrivé sur la place de la Bastille, il apprit que le général Négrier venait d'être tué: Le colonel du 24e fit observer que l'archevêque allait s'exposer aux plus redoutables dangers. Mais Monseigneur insista. Alors un jeune homme venu à sa suite, M. Bréchemin, attacha son mouchoir à une branche d'arbre et s'avança jusqu'à la première barricade; l'héroïque archevêque, sans attendre le retour du parlementaire, pénétra au-dedans de cette barricade par une boutique à deux issues qui faisait le coin du faubourg Saint-Antoine; tenant à la main la promesse de grâce, il commençait à parler aux insurgés, quand un coup de fusil partit, une décharge effroyable y répondit, l'archevêque frappé à mort, tomba en s'écriant : « *Que mon sang soit le dernier versé!* »

La grandeur d'âme, avec laquelle Monseigneur Affre fit le sacrifice de sa vie, impressionna Paris, la France et l'étranger.

Des cris d'indignation et d'horreur s'élevèrent de toutes parts contre les émeutiers : le saint martyr fut plus puissant qu'une armée pour le rétablissement de l'ordre et l'apaisement des esprits.

Dès que les premiers jours de douleur et d'émotion générale furent passés, Ozanam se remit au travail avec son ardeur ordinaire, sans tenir compte de ses fréquentes indispostions, sans consulter des forces qui déjà s'épuisaient. Les soldats, disait-il, meurent pour défendre la patrie; les missionnaires affrontent de cruels supplices pour propager la religion : l'homme de science et de labeur intellectuel doit savoir sacrifier son repos, ses aises et s'il le faut, sa vie, pour éclairer les esprits et les rapprocher de Dieu.

Non seulement il consacrait beaucoup de temps à préparer son cours, mais il publiait des travaux importants. Telles furent ses études germaniques, deux fois couronnées par l'Académie des inscriptions et belles-lettres. Cet ouvrage d'une incontestable valeur montre le christianisme, formant avec les ruines de l'empire romain et les hordes barbares une société nouvelle, capable, suivant ses expressions, de croire le vrai, de posséder le beau et de faire le bien.

Ozanam publiait aussi dans le *Correspondant* des articles très appréciés, et spécialement la première partie de son livre sur la civilisation au v$^{e}$ siècle. L'œuvre complète forme les deux premiers volumes de ses ouvrages, publiés sous la haute et affectueuse surveillance de M. Ampère.

Aux vacances de 1850, Ozanam, à bout de force, éprouvait une extrême fatigue; son médecin ordonna un repos absolu de plusieurs mois; le malade comprit qu'il devait s'y résigner et il entreprit à cette époque le voyage de Bretagne.

A Vannes, il put assister à la procession annuelle en l'honneur de saint Vincent Ferrier (1), dont les reliques sont honorées dans cette ville d'un culte tout spécial. Des pages touchantes

(1) Saint Vincent Ferrier, né à Valence en 1317, illustre religieux dominicain, acquit une telle renommée comme prédicateur qu'on venait pour l'entendre de tous les points de l'Espagne. Il a été appelé en Angleterre, en Allemagne, en France, et il est mort à Vannes (1419), dans le cours de l'une de ses stations.

adressées à un ami, racontent les impressions que lui inspira cette belle cérémonie.

A la rentrée, le professeur recommença son cours, et, suivant son habitude, s'y dépensa tout entier.

Au printemps de 1851, madame Ozanam et sa fille tombèrent malades. Quelle épreuve pour le père et pour le mari! Il régnait dans cet excellent ménage une telle intimité que si l'un des deux époux souffrait, l'autre ressentait, plus vivement que les siennes, les douleurs survenues au foyer domestique. Cependant la médecine triompha du mal, et quand, pour rétablir les forces, il fallut chercher un air plus vivifiant que celui de Paris, on choisit Sceaux. C'était tout près de la capitale, et cette proximité permettait à Ozanam d'y venir pour continuer ses leçons.

Partout où la Providence dirigeait ses pas, il s'occupait de la société de Saint-Vincent de Paul, pour la visiter et l'exhorter, si elle existait déjà; pour la fonder, si elle n'était pas encore établie dans le pays. Elle n'avait pas de conférence à Sceaux; Ozanam résolut de profiter de son séjour pour doter la paroisse de cette institution.

A défaut de misères matérielles à soulager, les misères morales abondaient dans cette commune; ce fut le champ que les nouveaux confrères résolurent tout d'abord de cultiver. On cite, entre autres, la conversion d'une nombreuse famille, obtenue par le baron Cauchy, l'illustre savant de l'Académie des Sciences. Il s'agissait d'un père indifférent, d'une mère et de six enfants voués au protestantisme. Le père revint à Dieu si complètement qu'il fut plus tard président d'une des conférences de Paris. La mère et les enfants abjurèrent leurs erreurs, et devinrent d'édifiants catholiques.

Ozanam pensait que tout ce qu'on peut faire pour la gloire de Dieu, pour le salut du prochain, on le doit, et sa conduite s'harmonisait complètement avec ce principe. De toutes parts on lui écrivait pour lui demander conseils, lumières, direction. Partout ses réponses augmentaient le dévouement et enflammaient le zèle des confrères.

Au printemps de 1852, au milieu de l'année scolaire, tout à coup une fièvre violente vint interrompre son cours et l'obliger à s'aliter. Cependant quelques collègues, ignorant la gravité de son état, l'accusent tout bas de trop chercher ses aises ; quelques étudiants, avides de l'entendre, se plaignent de l'interruption de son cours. Les murmures parviennent jusqu'à lui ; aussitôt, sans écouter les conseils de la science et les instances de sa famille, il se lève, se dirige vers la Sorbonne, monte dans sa chaire, et prononce une allocution accueillie par de chaleureux applaudissements.

Son discours se terminait ainsi : « Messieurs, on reproche à notre siècle d'être un siècle d'égoïsme, et on dit les professeurs atteints de l'épidémie générale. Cependant c'est ici que nous altérons nos santés ; c'est ici que nous usons nos forces ; je ne m'en plains pas. Notre vie vous appartient jusqu'au dernier souffle, et vous l'aurez. Quant à moi, Messieurs, je mourrai à votre service. »

Ce furent ses dernières paroles à un auditoire qui s'était renouvelé plusieurs fois pendant 12 ans, et sur lequel il n'avait jamais cessé d'exercer le plus salutaire ascendant.

Il voulut préparer la leçon de la semaine suivante, mais bientôt de très vives souffrances lui ôtèrent toute possibilité de s'appliquer ; une grave pleurésie se déclara, et ses jours furent en danger.

Pendant le cours de cette maladie et sous le coup d'une fièvre opiniâtre, il se rappelle un ancien ami privé du trésor de la foi. Il croit le moment opportun, pour essayer de l'arracher aux ravages du doute ; et, malgré ses souffrances, il lui adresse sur le catholicisme des pages éloquentes, dont nous reproduisons quelques passages.

«..... Dieu ne peut pas exiger que la vérité religieuse, c'est-à-dire la nourriture nécessaire de toutes les âmes, soit le fruit de longues recherches, impossibles au grand nombre des ignorants, difficiles aux savants : la vérité doit être à la portée des petits, et la religion reposer sur des preuves accessibles au dernier des hommes. Pour moi... j'ai assis ma foi sur un raisonnement qui peut se proposer au maçon et au charbonnier. Je me dis que tous les peuples ayant une religion, bonne ou mauvaise, la religion est un besoin universel, perpétuel, par conséquent légitime de l'humanité. Dieu, qui a donné ce besoin, s'est engagé à le satisfaire; il y a donc une religion véritable. Or, entre les religions qui partagent le monde, sans qu'il faille ni longue étude ni discussion des faits, qui peut douter que le christianisme soit souverainement préférable, et que seul il conduit l'homme à sa destinée morale? Mais, dans le christianisme, il y a trois Eglises : la protestante, la grecque, et l'Eglise catholique, c'est-à-dire l'anarchie, le despotisme et l'ordre. Le choix n'est pas difficile, et la vérité du catholicisme n'a pas besoin d'autres démonstrations.

Voilà le court raisonnement qui m'ouvre les portes de la foi. Mais une fois entré, je suis tout éclairé d'une clarté nouvelle, et bien plus profondément convaincu par les preuves intérieures du christianisme. J'appelle ainsi cette expérience de chaque jour, qui me fait trouver dans la foi de mon enfance toute la force et toute la lumière de mon âge mûr, toute la sanctifictaion de mes joies domestiques, toute la consolation de mes peines.

Quand toute la terre aurait abjuré le Christ, il y a, dans l'inexprimable douceur d'une communion et dans les larmes qu'elle fait répandre, une puissance de conviction qui me ferait encore embrasser la croix et défier l'incrédulité de toute la terre. Mais je suis loin de cette épreuve, et, au contraire, combien cette foi du Christ agit fortement sur l'humanité! Vous ne savez peut-être pas combien le Sauveur du monde est encore aimé, combien il suscite de vertus et de dévouements qui égalent les premiers âges de l'Eglise. Je ne cite que les jeunes prêtres que je vois partir du séminaire des Missions étrangères, pour aller mourir au Tonkin, comme mouraient saint Cyprien et saint Irénée, et ces ecclésiastiques anglicans convertis, qui abandonnent des bénéfices de cent mille francs de rente, et qui viennent à Paris, donner des leçons, pour faire vivre leurs femmes et leurs enfants. Non, le catholicisme n'est dénué ni d'héroïsme dans le temps de Monseigneur Affre, ni d'éloquence dans le temps du Père Lacordaire, ni de tous les gens de gloire et d'autorité dans le siècle qui a vu mourir chrétiens Napoléon, Royer Collard et Chateaubriand.

Indépendamment de cette évidence intérieure, depuis dix ans, j'étûdie l'histoire du christianisme, et chaque pas que je fais dans cette étude affermit mes convictions. Je lis les Pères, et je suis ravi des beautés morales, des clartés philosophiques dont ils m'éblouissent. Je m'enfonce dans les âges barbares, et j'y vois la sagesse de l'Eglise et sa magnanimité. Je ne méconnais pas les désordres du moyen-âge; mais je m'assure que la vérité catholique lutta seule contre le mal et tira de ce chaos les prodiges de vertu et de génie que nous admirons.....

Nous n'avons pas deux vies, l'une pour chercher la vérité, l'autre pour la pratiquer. C'est pourquoi Jésus-Christ ne se fait pas chercher, il se montre tout vivant dans cette société chrétienne qui vous environne, il est devant vous, il vous presse..... Rendez-vous à ce Sauveur qui vous sollicite. Livrez-vous à sa foi; vous y trouverez la paix. Croire, c'est vouloir. Veuillez un jour, veuillez aux pieds du prêtre : il fera descendre la sanction du ciel sur votre volonté chancelante..... Soyez heureux et chrétien ; c'est le vœu de votre ami. »

Ainsi Ozanam, malade, condamné au repos, trouvait encore le courage de travailler efficacement au salut des âmes. Dès qu'il put supporter les fatigues du voyage, il fut envoyé de Paris aux Eaux-Bonnes. A son départ, il était encore si faible, qu'il dut se rendre, à petites journées, dans les Pyrénées, s'arrêtant à Orléans, à Poitiers, à Bordeaux, etc. s'occupant partout de la Société de St-Vincent de Paul. Parvenu aux sources bienfaisantes qu'il allait chercher, il fonda une conférence, devenue un bienfait permanent pour les pauvres du pays, et un centre de ralliement pour les confrères appelés chaque année aux Eaux-Bonnes, par l'espoir d'y recouvrer la santé. Il s'occupa aussi de la fondation d'un hospice pour les malades pauvres, et déploya tant d'activité qu'avant son départ, le terrain était choisi, et de larges aumônes avaient été recueillies.

Le charitable malade partit sans être guéri, et se dirigea vers Biarritz, renommé pour la douceur de son climat. En se rendant à sa nouvelle destination, il passa près de Bétharam, et en fit le pèlerinage, fondé depuis plus de quatre siècles On invoque à Bétharam la Vierge au Rameau d'Or. Ce rameau fut offert par une jeune fille qui, tombée dans un torrent voisin, eut la pensée d'invoquer l'assistance de Marie. Après une fervente prière, elle avait trouvé sous sa main une branche d'arbre dont elle se saisit, et qui lui sauva la vie. Ozanam pria comme elle : au lieu de la guérison, il obtint un surcroît de patience et de courage pour les dernières épreuves. Il recueillit aussi une certaine amélioration dans son état, retrouva un peu de force; mais sa santé laissait toujours beaucoup à désirer, et il fut décidé qu'il passerait l'hiver dans le Midi.

Il fit d'abord une excursion en Espagne, et pénétra jusqu'à Burgos. Émerveillé des beautés de la cathédrale, il la décrit dans une lettre terminée par cette touchante prière : « ..... Ah, sainte Vierge, ma mère, que vous êtes une puissante dame! Et, en retour de votre maison de Nazareth, que votre divin Fils vous a fait bâtir d'admirables maisons! Je vous en connaissais de bien belles, depuis Notre-Dame de Cologne jusqu'à Ste-Marie Majeure, depuis Ste-Marie de Florence jusqu'à Notre-Dame de Chartres. Mais c'était peu de mettre à votre service les Italiens, les Allemands, les Français. Voici que les Espagnols, qui passent pour les plus mauvais ouvriers de la terre, quittent leurs épées et se font maçons, afin que vous ayez aussi une demeure parmi eux. Bonne Vierge, qui avez obtenu ces miracles, obtenez-nous quelque chose pour nous et les nôtres. Raffermissez cette maison fragile et délabrée de nos corps; faites monter jusqu'au ciel l'édifice spirituel de nos âmes. »

Après Burgos, Ozanam se dirigea vers le sanctuaire de Buglose, pèlerinage très voisin du village où est né St Vincent de Paul. Il lui fut doux de visiter le berceau de l'Apôtre de la charité, du protecteur de la société à laquelle depuis sa première jeunesse il donnait une part si large de son cœur. Le village, appelé autrefois Pouy, se nomme maintenant St-Vincent de Paul; il est situé tout près de Dax, dans les Landes. A quelques pas de la maison où est né St Vincent, on voit le chêne sous lequel s'abritait son enfance, quand il gardait les moutons de son père. Le tronc de cet arbre plusieurs fois séculaire est creux, et assez large pour permettre d'y poser un autel, quand on veut y célébrer la messe. La moitié de sa circonférence ne tient plus au sol que par l'écorce; mais l'autre côté porte encore de très vigoureuses branches, couvertes d'un épais feuillage. M. le curé de la paroisse en fit couper un morceau pour l'offrir à Ozanam, qui l'a donné au conseil général de la société. Entre l'arbre et la maison, les Lazaristes ont construit une chapelle, une maison de retraite, et un hospice confié aux Filles de la Charité.

De St-Vincent de Paul Ozanam revint à Buglose situé, à trois quarts de lieu du village. Il y trouva deux reliques, (une image de la Ste Vierge et une statue de St Vincent) vénérées dans toute la contrée, et devant lesquelles de nombreux pèlerins viennent s'agenouiller.

Ensuite il s'arrêta dans quelques villes du Midi, à Bayonne, à Toulouse, à Montpellier, à Marseille, et partout il vit les membres des conférences, constata le bon esprit dont ils étaient animés et surtout leur porta la lumière et l'édification; mais sa santé réclamait un climat plus chaud que celui de la France, et il fallut aller le chercher en Italie. Il se dirigea vers Pise. Il lui savait une bibliothèque de 60.000 volumes, et il espérait découvrir dans ce trésor littéraire les documents dont il avait besoin pour composer un mémoire sur les origines des républiques Italiennes. Son ancien condisiple, M. Fortoul, alors ministre de l'instruction publique, l'avait chargé de ce travail pour offrir un aliment à l'activité de son esprit, et une satisfaction à son désir de poursuivre ses travaux.

Ozanam ne put pas arriver à Pise avant le commencement de janvier (1853). Au lieu de la température sèche et chaude qu'il avait espérée, il y trouva un froid humide, malsain, et attendit vainement le retour d'un temps propice.

Dès son arrivée, il se mit en relations avec les confrères de Florence, voulut assister à une nombreuse assemblée générale, et répondit au désir de tous, en leur adressant un discours : ce fut sa dernière allocution prononcée en public :

..... Au lieu de huit, dit-il, à Paris seulement nous sommes deux mille; nous visitons cinq mille familles ou environ vingt mille individus, c'est-à-dire le quart des pauvres que renferme cette immense cité. Les conférences, en France, sont au nombre de cinq cents; nous en avons en Angleterre, en Espagne, en Belgique, en Amérique et jusqu'à Jérusalem. C'est ainsi qu'en commençant humblement on peut arriver à faire de grandes choses, comme Jésus-Christ, qui de l'abaissement de la crèche s'est élevé à la gloire du Thabor. C'est ainsi que Dieu a fait de notre œuvre la sienne, et a voulu la répandre par toute la terre en la comblant de ses bénédictions. »

Le grand duc de Toscane, mal renseigné sur l'esprit de la société, voulait l'empêcher de se répandre dans ses Etats. Ozanam travailla et réussit à combattre les préjugés opposés à la diffusion des conférences. La grande duchesse douairère vint à Pise et lui fit exprimer son désir de le voir, c'était une femme distinguée par son cœur, aimant les bonnes œuvres, voulant les aider, mais en défiance contre une association qui lui avait été représentée comme un foyer d'idées révolutionnaires. Quoique miné par la fièvre, Ozanam ne manqua pas de profiter de l'audience, pour exposer l'organisation des conférences; il insista sur la règle qui leur interdit expressément de s'occuper de politique et leur prescrit de n'appartenir à aucun parti que celui de Dieu et des pauvres. Il entra dans de longs développements, parla chaleureusement et plaida si bien sa cause qu'il la gagna.

Pendant ce dernier séjour en Italie, Ozanam découvrit des fragments assez étendus des sermons de Maurice de Sully, évêque de Paris, qui dota son diocèse de la magnifique église de Notre-Dame. Il était originaire du village de Sully, près d'Orléans; ses parents, pauvres des biens de ce monde, étaient riches de ceux de la foi. Orphelin de père dès son enfance, il fut élevé par une bonne mère, intimement persuadée que le salut est notre unique affaire. Elle grava profondément cette vérité dans l'âme de son fils, et Dieu bénit sa pieuse sollicitude. Il ménagea d'abord à Maurice le dévouement de son curé, son premier maître et son bienfaiteur : puis, quand le bon pasteur lui eut appris tout ce qu'il pensait pouvoir lui enseigner avec fruit, il décida son élève à partir pour la Capitale, afin d'exercer son esprit et de meubler sa mémoire, dignes l'une et l'autre d'une culture exceptionnelle. Ozanam a raconté dans le correspondant (1) l'intéressante histoire de Maurice de Sully.

Voici des extraits de son récit :

« ..... Un exilé des conférences de Notre-Dame, retenu loin de ces belles assemblées, où il

(1) Voir le numéro du 25 avril 1853.

trouva la joie de sa jeunesse et le soutien de sa foi, cherchait quelque distraction dans les manuscrits d'un couvent, qui fut l'une des principales écoles de l'ordre de St-Dominique au moyen-âge, Ste-Catherine de Pise. Là, parmi les parchemins que l'hospitalité italienne déroulait complaisamment devant lui, il mit la main sur un volume petit *in-quarto*; et, à la suite de quelques traités latins, copiés sur deux colonnes par une de ces belles et patientes plumes qui n'habitaient que les monastères, il reconnut une cinquantaine de pages en vieux français. Il y avait quelque plaisir à retrouver, sous un ciel étranger, le langage de la patrie, à le retrouver dans cette savante maison où enseigna St Thomas d'Aquin, en un temps où Brunetto Latini et Marco Polo dictaient en français, comme dans *la parleuse la plus délectable et la plus connue à toutes gens.* Mais ce qui toucha surtout le voyageur, c'est que ce poudreux manuscrit lui rendait les prédications de Notre-Dame, de Notre-Dame inachevée, quand l'architecte n'avait pas encore posé les clefs de voûte, mais déjà retentissant des flots d'un peuple que rassemblait la prédication de l'évêque Maurice, un flambeau de l'Eglise de France, au siècle de Suger et de St Bernard.

Au temps donc des luttes philosophiques qui commencèrent la gloire de l'école de Paris... un petit pâtre des bords de la Loire, nommé Maurice, quitta la chaumière de sa mère, résolut de servir les écoliers, de leur demander l'aumône, s'il le fallait, pour devenir savant comme eux, et prendre place un jour, en longue robe, et le chaperon fourré d'hermine, au milieu des docteurs. Bientôt la voix du jeune paysan retentit dans les disputes : on le vit assaillant et défendant sur tous les champs de bataille de la dialectique ; il parcourut avec tant de succès les sept voies du trivium et du quadrivium (1), qu'il put, sans témérité, aborder l'étude, puis l'enseignement de la théologie. Cette science maîtresse était alors en possession de prendre ses disciples sur la paille, pour les faire siéger parmi les princes de l'Eglise. Par elle un pauvre clerc de Normandie, appelé Pierre, avait été elevé au siège épiscopal de Paris. Maurice devint chanoine de la Cathédrale et archidiacre.

On dit qu'alors la réputation du nouveau docteur arriva jusqu'à sa vieille mère : en 1160, il y avait loin de Paris aux bords de la Loire. Cependant la pauvre femme décida qu'elle verrait son fils: elle ceignit sa robe de bure, prit son

(1) Au moyen-âge, on appelait *trivium* la grammaire, la rhétorique, la dialectique, et *quadrivium* l'arithmétique, la géométrie, l'astronomie et la musique.

bâton, et chaque jour abrégeant son voyage, elle finit par se trouver aux portes de la ville royale. Là, elle s'enquit du grand docteur ; et, comme sa mère, elle trouva chez de discrètes dames bon accueil et bon gîte. Mais ces sages personnes jugèrent qu'un docteur de renom aurait honte de voir sa mère en si pauvre état. Elles l'habillèrent honorablement, lui donnèrent un manteau, et l'accompagnèrent au logis de l'archidiacre. Elle le vit donc, et lui dit : « Je suis ta mère. » L'archidiacre répondit : « Vraiment je n'en crois rien; ma mère est une pauvre femme, et ne porta jamais qu'uns robe de bure. » Et comme, en aucune manière, il ne voulait se rendre à ses paroles, ses compagnes la ramenèrent et lui rendirent sa robe et son bâton. Alors elle retourna vers son fils, et le trouva dans une nombreuse assemblée. Mais lui, quand il vit sa mère pauvrement vêtue, il abaissa son chaperon devant elle, et l'embrassa en disant: « Maintenant je sais que vous êtes ma mère. » — Le bruit de cette action se répandit dans la ville, elle honora l'archidiacre, qui plus tard fut évêque de Paris.

En 1164, il succédait à Pierre Lombard, et dans cette haute dignité les contemporains louèrent sa bienfaisance autant que son érudition. Par lui, les revenus de l'église de Paris ne se répandaient pas seulement en aumônes secrètes sur les indigents; à cette charité, qui est de tous les siècles chrétiens, il joignait celle qui semble réservée aux grands siècles et aux grands esprits, celle qui cherche le bien non de quelques-uns mais de tous, celle qui fonde et qui bâtit, qui laisse après elle des institutions et des monuments. Quand la difficulté des routes faisait trembler les plus hardis voyageurs, que les marchands de Flandres ne se rendaient pas sans crainte aux foires de la France, qu'un ordre de frères pontifes se formait pour jeter les arches de pierres sur nos fleuves, Maurice construisit aussi deux ponts; l'un traversait la Seine, l'autre la Marne. En même temps l'infatigable évêque pressait l'achèvement de sa cathédrale. Déjà le chevet de Notre-Dame s'arrondissait, entouré de ses légers contreforts, qui semble moins soutenir que retenir le vaisseau mystique, amarré au milieu des eaux. Les hommes de ce temps voyaient avec orgueil s'élever le sanctuaire national, ils y admiraient dès lors les beautés qui nous ravissent, et Robert du Mont écrivait en 1176 :

Voici longues années que l'évêque Maurice pousse avec vigueur et avec succès la construction de son église. Déjà le chevet en est achevé, à l'exception de la voûte principale. Si jamais cet ouvrage est conduit à sa perfection, il n'y aura pas d'édifice en deçà des monts qui lui doive être comparé.

Si le moyen-âge devançait nos jugements, il connaissait aussi nos doutes. Le christianisme, toujours combattu, n'y goûta jamais le repos de l'Eglise triomphante.

Déjà la philosophie des Arabes avait essayé d'introduire dans l'école, des idées matérialistes ; quelques esprits mettaient en question la résurrection de la chair... Ces soulèvements de la raison déréglée attristèrent la vieillesse de Maurice : lorsqu'en 1196, il vit l'heure venue de rendre compte à Dieu de sa longue administration, il voulut que le dernier acte de sa vie fût une dernière leçon pour ces docteurs dont il avait hanté les disputes, et qui honoraient encore en lui le vieux lutteur de leurs arènes. Il fit poser sur sa poitrine un rouleau de parchemin avec ces paroles de Job : « Je sais que mon Rédempteur est vivant, qu'un jour je ressusciterai, et que dans ma chair je verrai le Seigneur. Je le verrai de mes yeux, et mes yeux le contempleront ; cette espérance repose dans mon sein. » Maurice ordonna qu'on portât son corps, armé pour ainsi dire de cette protestation, au tombeau qu'il s'était préparé dans l'église de St-Victor. Les lettrés, assemblés à ses funérailles, devaient connaître ainsi qu'il avait cru fermement et jusqu'au bout à la résurrection de toute chair.

En même temps qu'il gourmandait l'intempérance des *esprits forts*, l'Evêque de Paris n'oubliait pas d'instruire les simples et les faibles. S'il y avait plus de gloire à construire une cathédrale, il était plus méritoire de la remplir, d'y attirer, d'y enchaîner par la parole une multitude ignorante et passionnée. Les historiens vantent l'éloquence de Maurice ; ils citent ses exhortations aux prêtres, et ses homélies pour tous les dimanches et les principales fêtes de l'année. Ses discours durent être écrits en français, pour le peuple de Paris qui les écoutait, en latin pour les clercs de toutes les nations qui pouvaient y trouver des enseignements et des modèles. Or, les frères prêcheurs, dans la première ferveur de leur institution, avec cette prodigieuse activité d'intelligence qu'ils portaient d'un bout à l'autre de la chrétienté, attentifs à tout ce qui pouvait éclairer, fortifier, agrandir l'école de prédication fondée par St Dominique, comment eussent-ils ignoré les sermons de cet évêque de Paris, auquel ses contemporains ne trouvèrent pas d'égal. Je ne m'étonnais donc pas de rencontrer ses discours parmi les manuscrits de Sainte-Catherine de Pise, où se formèrent les deux grands orateurs sacrés de la Toscane, au XIVe siècle, fra Giordano et fra Calvaca. »

Ozanam lut attentivement les discours de Maurice de Sully, se pénétra des paroles qui avaient dirigé tant d'âmes vers le ciel, et arrivé au sermon prononcé dans la fête de Pâques, il prit copie de cet entretien du grand Evêque avec ses diocésains, en ce jour si solennel.

Il termine les pages insérées dans le *Correspondant* par les réflexions suivantes:

« Je suis touché de voir cette multitude, enfants et adultes, justes et pénitents, s'avançant à la voix de l'Evêque, en ordre et saintement, comme il convient d'aller au corps du Sauveur. Il semble que des dalles soulevées de Notre-Dame sorte, pour la remplir, tout le peuple chrétien dont nous sommes les fils. Et comment ne pas se rappeler que chaque année, au même jour, la vieille basilique reçoit la même foule? Derniers venus d'un siècle las et épuisé, nous nous pressons sous les voûtes élevées par la simplicité hardie de nos aïeux: jeunes ouvriers arrachés à la corruption des ateliers, jeunes soldats enlevés à la licence des casernes, disciples des écoles, hommes de lettres et hommes d'Etat, échappés au naufrage de toutes les doctrines et de toutes les révolutions. Le successeur de Maurice de Sully, comme lui conduit aux honneurs de l'Eglise par la Science et par la vertu, comme lui bénit des pauvres, monte dans la même chaire pour y porter la même parole. Et lorsqu'il finit en entonnant le *Te Deum*, quand l'hymne de la reconnaissance, répété par trois mille voix, ébranle les nefs triomphantes, nous touchons aux générations qui les ont bâties, les sept cents ans écoulés disparaissent comme un jour; la pensée du temps s'évanouit, et ne laisse plus courir dans l'assemblée frémissante que le sentiment de l'éternité. »

Quand on lit ces pages émouvantes, on sent qu'elles ont été écrites par une main ferme, et dictées par un esprit qui n'a rien perdu de ses nobles facultés; puis, on éprouve un serrement de cœur, en pensant que cette lumière va disparaître, et que cette belle intelligence sera bientôt enlevée à la terre. Encore quelques mois, et Dieu l'appellera pour lui donner sa récompense.

Malgré les soins si délicats et si tendres de Madame Ozanam souvent secondée par des membres de la famille, le malade ne remontait pas vers la santé. Il subissait des alternatives de calme et de souffrances; mais l'état général s'empirait au lieu de s'améliorer. Les jambes s'enflèrent : ce symptôme alarmant, ayant fait découvrir une albuminerie, motiva l'adoption d'un nouveau régime qui fit d'abord du bien; mais une rechute ne tarda pas à survenir, et Ozanam se sentit si gravement atteint qu'il renouvela pieusement le sacrifice de sa vie, implicitement compris d'ailleurs dans cette prière qu'il redisait souvent : « Seigneur, je veux ce que vous voulez; je le veux, comme vous le voulez ; je le veux aussi longtemps que vous le voulez ; je le veux parce que vous le voulez. »

Il passa son dernier hiver à Pise; là, comme partout, malgré l'aggravation de ses souffrances, il voulut travailler à la diffusion de la société de Saint-Vincent de Paul. Il s'attachait surtout à lui conserver son caractère primitif de simplicité, de cordialité, de vraie charité et d'union fraternelle. Dans une de ses lettres, il cite un groupe de sept conférences, voisines les unes des autres, qui donnent ou promettent d'excellents fruits. Il termine par un humble retour sur lui-même, et dit que si le Seigneur lui fait part de sa croix, il lui en donne une très petite parcelle, encadrée dans un beau reliquaire, c'est-à-dire dans des consolations et des adoucissements infinis.

Au commencement de mai, les médecins l'envoyèrent sur les bords de la mer. Il dut quitter Pise, et se dirigea du côté de Livourne ; là il eut encore le courage d'adresser aux confrères réunis en comité une allocution, imprimée avec celle qu'il avait prononcée devant le nombreux auditoire de Florence. Il se fixa, pour quelque temps, au village de San Jacopo, où il trouva un temps propice, et une passagère amélioration. Il écrivit alors une prière trop peu connue ; nos lecteurs aimeront à s'en approprier la plus grande partie

« Nous ne sommes pas assez reconnaissants des bienfaits de Dieu. Nous le remercions de nous avoir créés, rachetés et faits chrétiens, de nous avoir donné de bons parents, une femme et une enfant bien-aimées, de s'être tant de fois donné lui-même au sacrement de l'autel. Mais, après ces grâces puissantes qui soutiennent pour ainsi dire la trame de la vie, combien de grâces plus délicates en forment le tissu ! C'est le bon camarade que je rencontrai, la première année de collège, et qui m'édifia au lieu de me pervertir. C'est, quand j'arrivai à Paris, le paternel accueil de M. Ampère, et ce conseil de M. de Chateaubriand de ne pas mettre les pieds aux théâtres. C'est bien moins que cela, une inspiration qui me pousse à voir mes pauvres un jour de mauvaise humeur, et qui me fait descendre de chez eux, tout humilié de mes misères d'imagination, devant l'effroyable réalité de leurs maux. C'est souvent une circonstance de néant, une importunité, ce semble, une visite à recevoir que je maudis, et elle me donne plus tard l'occasion de faire quelque bien.

A l'heure qu'il est, le grand bienfait de Dieu serait de me guérir, de me guérir d'un seul coup, ainsi que le demandent pour moi mes proches, mes amis, et tant de saintes âmes ; mais jusqu'à ce jour, Seigneur, vous ne l'avez pas voulu. Je ne compterai cependant pas, parmi les petites faveurs, les tendres soins dont vous me faites entourer, ni les consolations religieuses qui me viennent de vous avec une douceur inexprimable. »

Obligé à rester sur les bords de la mer plus longtemps qu'il ne l'avait prévu, il dut renoncer au logement qui n'était plus libre à San Jacopo, et il se rendit à l'Antignano, joli village situé près de Livourne. De là il fit des démarches pour fonder une conférence à Sienne. Il crut d'abord avoir échoué, et, en voyant son insuccès, il dit, dans un moment de découragement : « Dieu ne veut plus bénir mes efforts. » Il se trompait ; c'était une petite épreuve, destinée à rendre plus méritoire sa persévérance. Il ne se lassa pas de demander, de prier, et bientôt il apprit que le 19 juillet, jour de la fête de saint Vincent de Paul, deux conférences avaient été fondées, l'une dans la ville, et l'autre dans le Collège de Sienne, là où il tenait tant à la voir établie, parce que, pensait-il, les jeunes gens, appartenant à des familles riches, ont essentiellement besoin de voir de près la souffrance, la douleur, la faim, la soif, le dénûment, pour apprendre à les soulager et à se dévouer.

Cependant sa faiblesse augmentait et il n'était plus permis de se faire la moindre illusion! Il ne pouvait plus marcher au-delà du petit jardin dépendant de la maison. Toutefois, le 15 août, il voulut encore se rendre à l'église et y aller à pied pour célébrer la fête de l'Assomption. « C'est ma dernière promenade en ce monde, dit-il; qu'elle soit du moins pour aller à la maison de Dieu. » Appuyé sur le bras de Madame Ozanam, il se dirigea lentement vers la paroisse, à travers la foule qui encombrait la rue, se rangeait pour lui laisser un passage et l'entourait de sa respectueuse sympathie. Le curé d'Antignano était lui-même dangereusement malade; ce fut la dernière messe qu'il célébra, et ce fut aussi la dernière qu'Ozanam put entendre.

Une nuit, l'un de ses frères, qui le veillait, le vit pleurer et voulut chercher à le consoler. Il méditait sur la Passion du Sauveur. « Quand je pense, dit-il, aux souffrances de Notre-Seigneur; quand je songe qu'il les a endurées pour nos péchés, je ne peux pas retenir mes larmes. »

Le mal empira tellement que les médecins furent unanimes à déclarer qu'il était sans remèdes (1). A mesure qu'Ozanam approchait du terme, sa patience et sa charité devenaient plus édifiantes. Il ne demandait plus qu'une chose,

(1) Pendant sa vie ils ne s'accordaient pas pour spécifier sa maladie. Après sa mort les docteurs les plus célèbres de Marseille constatèrent qu'elle consistait en une maladie des reins et une inflammation lente, qui avait presque détruit l'un d'eux.

c'était d'être entièrement soumis à Dieu. Il désirait revenir en France, parce qu'il lui tardait de placer sa femme et sa fille sous la double égide de la famille et de la patrie ; mais ce désir même était subordonné à l'accomplissement de la volonté de Dieu. La Faculté lui permit d'entreprendre la traversée, et on fit les préparatifs du départ. En sortant de sa chambre d'Antignano, il dit avec l'élan de sa foi : « Mon Dieu, je vous remercie des souffrances et des afflictions que vous m'avez envoyées dans cette maison. Daignez les accepter en expiation de mes péchés. » Ensuite, se tournant vers madame Ozanam : Je veux qu'avec moi tu bénisses Dieu de mes douleurs ; » puis, se jetant dans les bras de celle qu'il se plaisait à appeler son ange gardien, il ajouta : « Je le bénis aussi des consolations qu'il m'a données. »

La mer était très calme et le voyage put se faire sans trop de fatigue. A l'aspect des côtes de Provence, le cher malade éprouva de la joie ; en entrant dans le port de Marseille il fut content d'y voir sa belle-mère. Il l'accueillit avec son filial attachement, et il dit : « Maintenant Dieu fera de moi ce qu'il voudra. »

A partir de ce moment, ses souffrances diminuèrent, et sa paix devint inaltérable. Il reçut les derniers sacrements avec une piété profonde ; comme le prêtre, qui l'administrait, cherchait à bannir de son âme tout sentiment de crainte, il lui dit : « Pourquoi craindrais-je Dieu ? Je l'aime tant ! » Oh ! qu'elle est belle et agréable au Seigneur l'âme qui a pu faire une réponse si touchante dans sa simplicité !

Bientôt Ozanam tomba dans un assoupissement dont il ne sortait plus que pour faire une prière, dire un mot affectueux, et remercier des soins qui lui étaient prodigués. Il vécut ainsi plusieurs jours encore. Le 8 septembre, dans la journée, son état n'offrait pas de symptômes plus alarmants ; mais, au commencement de la soirée, la respiration devint plus difficile. Ozanam ouvrit les yeux et prononça ces paroles : « Mon Dieu, mon Dieu, ayez pitié de moi. » Puis, ce furent les derniers moments ! Les prières de la recommandation de l'âme commencèrent ; quand elles furent achevées, il poussa un dernier soupir, et sa belle âme monta vers Dieu, (8 septembre 1853).

Ses précieux restes ont été transportés à Paris. Un service, célébré à Saint-Sulpice, réunit, malgré la dispersion ordinaire des vacances, une affluence nombreuse, recueillie, attristée. Après la cérémonie religieuse, le cercueil fut déposé provisoirement dans une salle souterraine de l'église. Là, M. Leclère, doyen de la faculté des lettres, prononça, d'une voix émue, une touchante allocution qui se terminait par ces mots : « Ozanam semble nous dire du fond de cette tombe : Ne pleurez pas ; la mort, c'est l'immortalité qui commence ; et, quand j'ai paru fermer les yeux, je les ouvrais à la lumière éternelle. »

Ozanam avait exprimé en Italie le désir que son corps reposât à l'ombre d'un sanctuaire. Ce vœu a été accompli. Grâce à l'intervention du Ministre de l'instruction publique, son cercueil a pu être déposé dans un caveau de l'église des Carmes, près des jeunes gens élevés de nos jours par les Facultés catholiques. Successeurs de ceux qu'il évangélisait autrefois, ils prennent part aux bénédictions que l'illustre maître sollicite pour eux comme pour leurs devanciers.

Lyon, où il fut élevé, et où il avait brillamment inauguré sa carrière, aurait voulu posséder sa tombe. Pour se dédommager, elle donna son nom à l'une des rues qu'elle renferme. Les habitants se cotisèrent pour publier ses œuvres littéraires, puis ils firent sculpter son buste en marbre, et le placèrent dans la salle des séances de l'Académie.

Quand on apprit la mort d'Ozanam, de vifs regrets se manifestèrent de toute part. Les esprits cultivés, les âmes charitables associèrent leur commune douleur. Les journaux, les revues, les brochures et les livres s'empressèrent de raconter une vie, si courte, et cependant si remplie.

M. Lenormant disait dans la correspondance du 25 septembre 1853 :

« ..... On ne peut rester indifférent à rien de ce qu'Ozanam a écrit. Il anime tout; il verse partout la poésie de l'âme, et la conscience du savant ne cesse jamais de garantir ce que désire le cœur du chrétien ; mélange presque unique des qualités les plus rarement associées, et qui assure aux écrits d'Ozanam une durée d'action qu'il est impossible de mesurer.

« Ozanam aurait vécu 30 ans de plus que nous l'aurions encore rencontré à la piste de ce qu'il ne savait pas, voyageant dans les livres et dans les idées, ne laissant pas s'émousser un seul instant la faculté d'admirer et d'aimer; composant sans cesse, n'écrivant pas un article qui ne fût le chapitre d'un livre; capable, si ses forces physiques y avaient suffi, de parcourir le vaste cercle de sa chaire, et de nous donner sur l'origine des littératures anciennes le livre qui nous manque, où la science, le sentiment du beau et la religion auraient également trouvé leur compte. »

M. Lenormant parle de l'érudit, de l'écrivain, de l'orateur : mais que n'aurait-il pas eu à dire des mérites de l'éminent chrétien ? Ozanam avait une grande pureté d'intention, communiait souvent et puisait ses vertus dans son union avec Dieu. Sa piété était ardente et douce. « Elle prit de bonne heure, dit le Père Lacordaire, le caractère d'un dévouement actif à cette grande société des âmes que Dieu a fondée sur la terre par le sang de son Fils, et il se crut même appelé à quitter le monde pour apprendre à la bénir. Quelque chose le retint, soit un peu de faiblesse devant le sacrifice, soit la crainte de perdre une part de sa liberté, soit plutôt que Dieu voulût en lui un cœur de prêtre dans une vie d'homme du siècle : Ce mot le peint tout entier. Nul chrétien en France, et de notre temps, n'aima davantage l'Église, ne sentit mieux ses besoins, n'eut enfin, dans une existence laïque, un plus véritable et plus profond apostolat. La prière et la méditation des choses divines le soutenaient à cette hauteur surnaturelle, malgré la préoccupation incessante de ses travaux d'esprit. Chaque matin il lisait dans une Bible grecque quelques versets ou quelques pages de l'Ecriture Sainte, suivant que l'onction de Dieu le retenait plus ou moins sur ce qu'il avait lu. C'était la première demi-heure de sa journée. Il y avait puisé une connaissance efficace de la parole de Dieu. Jamais il ne se rendait à son cours, sans avoir prié à genoux, pour qu'il ne dît rien de contraire à la vérité, ou dans le seul but de s'attirer des applaudissemeuts. On remarquait dans sa controverse une attention infinie à ne pas blesser ceux qui discutaient avec lui, quelles que fussent leurs erreurs. Il lui semblait, dès qu'une intelligence traitait de Dieu, que déjà elle était sur la voie de le trouver, et qu'un mot superbe ou trop vif pouvait lui faire une blessure irréparable. Mais cette douceur n'allait jamais jusqu'au déguiseuent de sa pensée. Il professait sa foi avec la courageuse humilité du chrétien qui connaît le peu qu'est le monde, et si le respect des âmes lui inspirait une exquise modération, le respect de la science s'élevait au dessus de toute crainte humaine. »

Son tempérament nerveux et irascible, son caractère inquiet et indécis lui fournissaient de fréquentes occasions de luttes et de mérites. Il combattait avec courage, prenait sur lui, réprimait les saillies de son humeur, et s'y appliquait avec une persévérance soutenue. Ses nombreuses relations le mettaient souvent à même de pratiquer la patience. Parfois elle lui échappait; mais, après le premier mouvement, il rentrait en lui-mâme, réparait sa faute, et offrait des excuses à ceux qu'il avait pu offenser.

Dominé par la généreuse passion du travail, il consacrait jusqu'à seize heures par jour à des occupations fatigantes. « J'écris, disait-il, parce que Dieu ne m'ayant pas donné la force de conduire une charrue, il faut que je fasse ma journée. » C'était une satisfaction pour lui de penser qu'il gagnait son pain ; quand la maladie ne le lui permettait pas, il s'écriait avec tristesse : « Que je suis misérable ! Je mange un pain que je n'ai pas gagné. »

Son exquise bonté, son désir d'être agréable, de rendre service à son prochain charmaient tous ceux qui le connaissaient. Il gardait à ses amis une inviolable fidélité, cherchait les occasions de leur témoigner son affection, se réjouissait de leurs joies, et s'attristait de leurs chagrins. S'ils étaient affligés, son cœur savait leur exprimer les pensées les plus fortifiantes, et les plus capables de les consoler.

Quand M. Eugène Rendu perdit sa mère, Ozanam lui écrivit :

« Votre mère bien-aimée vous a quitté, et je sais trop ce qu'il y a d'amer dans cette pensée, puis qu'elle me tire des larmes, en me rappelant qu'il y a onze ans ma mère aussi me quitta. Non, cette blessure ne se fermera jamais. Le temps sèchera vos pleurs, Dieu vous donnera des consolations ; mais, au milieu de vos plus beaux jours, vous vous souviendrez tout à coup de celle que vous avez perdue, et vos yeux se mouilleront encore. Je connais cette douleur, j'ai le droit de la plaindre ; mais j'ai aussi le droit de vous dire qu'à cette amertume se joint une douceur singulière, quand on a pu s'agenouiller au pied d'une mère mourante, qu'on a reçu sa dernière bénédiction, qu'on l'a vue mourir de la mort des saints. Ce n'est pas seulement un souvenir qui nous reste; ce n'est pas seulement l'espérance d'avoir pour protectrice auprès de Dieu celle qu'on avait pour gardienne sur la terre, c'est la certitude d'être encore en communication étroite avec elle. C'est le sentiment de sa présence auprès de vous, et comme la chaleur de son zèle qui n'a pas cessé de vous couver..... Ma bonne mère vit encore avec moi, quoique d'une meilleure vie; la vôtre, cher ami, ne vous abandonnera pas. Elle vous gardera dans cette foi qu'elle demandait pour ses enfants, dans cette charité dont elle vous donnait de si beaux exemples, dans toutes ces vertus qui faisaient son orgueil, et qui font l'honneur de votre jeunesse. C'est pour vous et pour plusieurs qu'a été dite cette parole: heureux l'homme à qui Dieu a donné une sainte mère. Il y a beaucoup d'hommes restés chrétiens, dans ce siècle de doute, sans qu'on sache pourquoi, qui doivent cette grâce aux prières d'une humble servante de Jésus-Christ..... Nous avons prié, nous prierons encore pour Madame votre mère, bien assurés qu'elle nous rend dans le ciel les prières que l'Eglise ne refuse pas ici-bas aux âmes les plus certaines de leur salut..... »

Ozanam écrivait à un autre ami qui venait de perdre son enfant : « . ... Les grandes afflictions affermissent l'âme, quand elles sont chrétiennement portées. C'est ce qui se vérifiera pour vous, mon cher ami : vous pensiez élever cette enfant bien-aimée, faire son éducation, et la mettre dans la voie du salut. C'est elle au contraire qui aura pris les devants ; avec cette sagesse infinie que Dieu donne sans doute à ses plus petits anges, elle achèvera de former votre vertu, continuera votre éducation de chrétien, et vous élèvera bien plus haut que vous ne pensiez faire pour elle. Ah! qui sait si son frère, qui vous sera conservé, n'aura pas besoin quelque jour, au milieu des périls de ce monde, d'avoir ce petit ange gardien qui intercède pour lui !

J'ai vu bien des gens envier à ma mère le bonheur d'avoir trois fils demeurés fidèles à la foi catholique... C'est qu'elle avait au ciel onze autres enfants qui priaient pour eux. Pour moi, je crois fermement que si nous parvenons heureusement au terme suprême, nous le devrons beaucoup à nos petits frères et à nos petites sœurs arrivés avant nous : C'est pourquoi je crois que ces jeunes élus portent bonheur aux familles où ils sont nés ! »

Quand le comte de Champagny dut subir la même épreuve, Ozanam lui adressa les lignes suivantes :... » Pleurez, Monsieur et cher ami, car

Dieu le permet, et vos amis comprennent votre douleur. Que de fois j'ai vu pleurer ainsi mon père et ma mère, puisque sur quatorze enfants, Dieu ne leur en a laissé que trois! Mais combien de fois aussi, ces trois survivants, dans leurs chagrins et leurs périls, n'ont-ils pas compté sur les frères et les sœurs qu'ils avaient parmi les anges! Ah! ceux-là sont bien aussi de la famille; ils se rappellent à nous, tantôt par des lumières, tantôt par des conseils inattendus. Heureuses les maisons qui ont ainsi la moitié des leurs là haut, pour faire la chaîne et tendre la main à ceux d'ici-bas! Courage donc : si Dieu récompense un verre d'eau froide donné en son nom, combien ne paiera-t-il pas une coupe de larmes, versées avec résignation, avec respect, avec amour pour ses volontés saintes?... »

Ozanam aimait à parler des liens qui unissent les âmes encore militantes à celles qui sont entrées dans la vraie vie. « Il me semble, dit-il, que je vois se reformer, dans un monde meilleur, cette société de personnes respectables et chères qui m'entourèrent à l'entrée de la vie, et qui m'attendent à la fin. Je m'habitue à m'entretenir avec elles; mes pensées s'élèvent plus facilement vers ces régions invisibles, où Dieu, rappelant l'un après l'autre ceux que nous aimons le mieux, nous force de prendre avec eux le chemin du ciel.

Heureux ceux qui savent vivre avec les morts; c'est surtout le meilleur moyen de remplir leurs devoirs avec les vivants. »

Ses lettres, intéressantes à tous égards, empruntent une partie notable de leur valeur à l'expression de sentiments si affectueux, si cordiaux, qu'ils charment le lecteur et lui font aimer la vertu.

Très sévère pour lui-même, très indulgent pour son prochain, il s'attachait encore, par ce côté élevé et délicat de son caractère, non seulement ses contemporains, mais aussi des hommes de position et d'âge tout à fait différents.

Doué d'un esprit de famille, trop rare de nos jours, il avait le culte des ancêtres, les honorait, priait pour eux et les invoquait. Il blâmait l'isolement où trop souvent l'égoïsme, l'orgueil, la susceptibilité jettent des parents, appelés à s'entendre, à s'unir et à s'édifier mutuellement. Il suffisait qu'on fût des siens, à un titre quelconque, pour pouvoir compter sur un affectueux accueil. Il n'oubliait pas les fêtes de ses proches, se déplaçait, s'il le fallait, pour aller les leur souhaiter, et leur porter de ces petits présents auxquels le cœur ajoute tant de valeur.

S'il était exact à célébrer les fêtes de la famille, il se montrait encore plus zélé pour celles des saints et pour les grandes solennités de la religion. Il les observait pieusement; il voulait que dans son intérieur tout s'harmonisât avec les joies de l'âme, tout jusqu'aux repas; ordinairement très simples, ils devaient alors comprendre un mets plus recherché que de coutume.

Comment dire sa tendresse pour sa charmante compagne? Il avait pour madame Ozanam de ces attentions qui émeuvent encore, quand on y pense après bien des années déjà écoulées. La date du 23 lui était chère entre bien d'autres, parce que c'était celle de son mariage. Aussi, chaque mois, il se la rappelait pour rendre grâce à Dieu, et pour offrir à celle qu'il chérissait une plante ou une fleur. Il s'en souvint encore à Antignano, le 23 août 1853, en ce jour qui devait de si peu précéder son départ pour la vraie vie. Il envoya chercher une branche de myrte qu'il avait remarquée sur le bord de la mer, et voulut la donner à sa compagne, comme le gage d'un amour dont la flamme ne s'éteindrait jamais.

La vertu dominante d'Ozanam fut la charité. Il s'efforçait de reproduire la vie du Sauveur, en imitant son fidèle serviteur, St Vincent de Paul, le patron de la société dont il était le principal fondateur. « Un saint patron, dit-il quelque part, ce n'est pas une enseigne banale pour une société. Ce n'est même pas un nom honorable sous lequel on puisse faire bonne contenance dans le monde religieux. C'est un type qu'il faut tâcher de réaliser, comme lui-même a réalisé le type divin qui est Jésus-Christ. C'est une vie qu'il faut continuer, un cœur auquel il faut réchauffer son cœur, une intelligence où l'on doit chercher des lumières; c'est un modèle sur la terre et un protecteur au ciel; un double culte lui est dû d'imitation et d'invocation. »

Il dressait exactement, chaque année, son budget des pauvres ; ce budget formait ordinairement et parfois dépassait le dixième de ses recettes. Leur part une fois fixée, il ne restait plus qu'à faire de leurs ressources le meilleur emploi possible. Il traitait avec beaucoup d'égards les malheureux qu'il visitait; il les instruisait et les éclairait pour les améliorer. Afin de rendre ses exhortations plus méritoires et plus efficaces, il s'appliquait à lui-même les conseils et les règles qu'il leur traçait.

Il s'ingéniait pour adoucir leur sort, et leur procurer un peu de joie. Ainsi, le premier janvier, il avait soin de leur porter des étrennes, et de donner aux enfants les joujoux que sa fille avait reçus l'année précédente. — Le jour de Pâques, il faisait de petits cadeaux à ses pauvres; puis, quand il leur survenait un évènement de quelque importance, il leur offrait, pour le fêter, un peu de superflu, afin qu'ils pussent en conserver un agréable souvenir.

L'un des ménages confiés à sa sollitude avait

connu l'aisance, et l'excès de la misère l'avait réduit à engager jusqu'à sa commode de ménage. Ozanam projetait de dégager ce meuble pour le 1er janvier; mais des obstacles imprévus l'empêchèrent de réaliser son dessein. Aussi commença-t-il tristement l'année. Après les visites officielles, il rentra chez lui tout soucieux, visiblement contrarié d'avoir ajourné son œuvre de charité; madame Ozanam n'eut pas de peine à deviner la cause de sa tristesse; elle lui conseilla d'exécuter tout de suite son généreux projet. Il se laissa facilement convaincre, alla racheter le meuble, le fit parvenir aux pauvres époux, et savoura le bonheur d'avoir fait deux heureux.

Ozanam était quelquefois trompé, comme il arrive à tous ceux qui distribuent des aumônes. Un jour, un Italien, après avoir étrangement abusé de ses bienfaits, osa revenir à lui pour en solliciter de nouveaux. Indigné d'une pareille conduite, le bienfaiteur le lui reprocha sévèrement, et lui refusa d'abord toute nouvelle assistance. Mais la charité ne tarda pas à lui inspirer des remords. Aussitôt il sort, court à la recherche du mendiant, le retrouve, lui donne un secours et lui exprime un regret. « Il ne faut repousser personne, disait-il un jour; nous aurons tant besoin que Dieu ne soit pas inexorable pour nous! »

Trente ans après le départ d'Ozanam pour la vraie vie, en 1853, la Société de St Vincent de Paul, comptant cinquante années d'existence, voulut célébrer ses noces d'or. Son conseil général invita les conférences de France et de l'étranger à envoyer des représentants aux assemblées convoquées, à Paris, pour le mois de Mai : Bon nombre répondirent à l'appel, toutes s'unirent d'intention aux religieux exercices. Pendant la courte durée de ce congrès, beaucoup de bonnes pensées ont été échangées, et de généreuses résolutions ont été prises en faveur des pauvres, qui en ressentent maintenant encore la salutaire influence.

A l'une des réunions, tenues dans la maison des Carmes, la société eut l'édification d'entendre le vénérable abbé, frère aîné, historien de Frédéric Ozanam. Son allocution terminée, tous les confrères présents descendirent dans la crypte où reposent les reliques de notre illustre confrère; ils s'agenouillèrent, prièrent avec foi, et rapportèrent de ce pèlerinage un surcroît de zèle, de lumière et de charité.

Après avoir étudié la vie d'Ozanam, après avoir admiré ses vertus, on regrette vivement de n'avoir pas eu de relations personnelles avec lui. En même temps on bénit Dieu de l'avoir prêté quelque temps à la terre, et de lui avoir inspiré les belles œuvres qui lui survivent. On s'attache à lui; on l'aime comme si on l'avait vu des yeux du corps; on veut lui rester uni par la pensée et par la prière. Mais il ne suffit pas de lui vouer d'affectueux sentiments: il faut encore s'efforcer de marcher sur ses traces. Il fut le contemporain de plusieurs d'entre nous. Il a vécu dans des temps déjà troublés: jamais il n'a désespéré de son pays, toujours il a travaillé à l'améliorer. Suivons ses fortifiants exemples, afin qu'un jour nous participions à son bonheur, et qu'il nous accueille comme des amis, quand nous irons le rejoindre, là où l'on se réunit pour ne plus se quitter.

# TABLE DES MATIERES

Paris. — Imp. TÉQUI, 92, rue de Vaugirard, 92.

56

www.ingramcontent.com/pod-product-compliance
Ingram Content Group UK Ltd.
Pitfield, Milton Keynes, MK11 3LW, UK
UKHW020329180726
13839UKWH00002B/610

9 782329 450018